…SOCIATION NATIONALE FRANÇAISE

POUR LA

…TION LÉGALE DES TRAVAILLEURS

5, rue Las-Cases.

SÉRIE   N° 3.

Le Contrôle
de la
Durée du Travail

Rapport de M. Georges Alfassa

Prix : 60 centimes

PARIS

FÉLIX ALCAN, ÉDITEUR

108, boulevard Saint-Germain

1905

LISTE DES MEMBRES DU COMITÉ DIRECTEUR DE L'ASSOCIATION

Paul CAUWÈS, professeur à la Faculté de Droit de l'Université de Paris, **président.**

Ed. BRIAT, secrétaire général du Syndicat des ouvriers en instruments de précision, membre du Conseil supérieur du travail et de la Commission supérieure du travail dans l'industrie, **vice-président.**

A. LIÉBAUT, ingénieur, membre du Comité consultatif des arts et manufactures et de la Commission supérieure du travail dans l'industrie, **vice-président.**

Raoul JAY, professeur à la Faculté de Droit de l'Université de Paris, membre du Conseil supérieur du travail, **secrétaire général.**

Léon de SEILHAC, publiciste, délégué permanent du service industriel et ouvrier du *Musée social*, **trésorier.**

Louis BARTHOU, député.

Adéodat BOISSARD, professeur à la Faculté libre de Droit de Lille.

Arthur FONTAINE, directeur du Travail au Ministère du Commerce et de l'Industrie.

Arthur GROUSSIER, ancien député.

Auguste KEUFER, délégué permanent de la Fédération française du Livre.

Edmond LAPORTE, inspecteur divisionnaire du Travail, à Paris.

Henry LÉAUTÉ, membre de l'Institut, directeur de la Société des téléphones.

Abbé LEMIRE, député.

André LICHTENBERGER, directeur-adjoint du *Musée social*.

Henri LORIN, ancien élève de l'Ecole Polytechnique, membre du Comité de perfectionnement du Collège libre des Sciences sociales.

Étienne MARTIN-SAINT-LÉON, bibliothécaire du *Musée social*.

A. MILLERAND, député, ancien ministre du Commerce.

Comte A. de MUN, député.

C. PERREAU, ancien député, professeur à la Faculté de Droit de Paris.

Eug. PETIT, docteur en Droit, ancien chef du cabinet du Ministre du Commerce.

Paul PIC, professeur à la Faculté de Droit de l'Université de Lyon.

Edouard VAILLANT, député.

Richard WADDINGTON, sénateur.

ASSOCIATION NATIONALE FRANÇAISE
POUR LA
PROTECTION LÉGALE DES TRAVAILLEURS
3, rue Las-Cases

TROISIÈME SÉRIE   N° 3.

Le Contrôle
de la
Durée du Travail

Rapport de M. Georges Alfassa

Prix : 60 centimes

PARIS
FÉLIX ALCAN, ÉDITEUR
108, boulevard Saint-Germain
1905

Dans sa séance du 14 Juin 1905, sous la présidence de M. Cauwès, l'Association nationale française pour la protection légale des travailleurs a discuté la question du Contrôle de la durée du travail.

LE CONTROLE DE LA DURÉE DU TRAVAIL

Rapport de M. Georges Alfassa

Messieurs,

Parmi les vœux qui avaient été proposés au vote de l'Association lors de la discussion sur les modifications à apporter à la loi du 30 Mars 1900, s'en trouvait un tendant à obtenir du Parlement l'adoption aussi rapide que possible du projet de loi déposé par le Gouvernement en vue d'assurer le contrôle de la durée du travail. Mais vous avez pensé que la question était assez importante en elle-même pour mériter une étude plus approfondie et pour faire l'objet d'une discussion spéciale qui fut renvoyée à une séance ultérieure et c'est ce projet que je rapporte aujourd'hui devant vous.

Je ne m'attarderai pas longtemps à démontrer l'urgence et la nécessité de modifier la situation de fait créée à cet égard par la jurisprudence de la Cour de Cassation ; je ne pourrais que redire ce que d'autres plus autorisés ont déjà exposé tant de fois, que répéter ce qu'a si bien dit ici même M. Fagnot dans son rapport sur la durée du travail, ce qu'exprima avec tant de force M. Bourguin dans son rapport au nom de la Commission de codification des lois ouvrières, et après lui l'exposé même du projet de loi dont nous nous occupons, ou ce que M. Paul Pic, dans un récent article de la *Revue d'Économie politique*, a démoutré avec son autorité coutumière. Au surplus personne ne songe à contester que tant que les prescriptions de la loi du 2 Novembre 1892 n'auront pas été abrogées il faudra pouvoir en assurer le contrôle : les divergences ne commencent que sur les moyens à employer dans ce but, et en particulier sur l'appréciation de ceux que préconise le Gouvernement. Il y a donc grand intérêt à étudier dans le détail la teneur du projet de loi ainsi que les critiques dont il a pu être l'objet. C'est ce que je me propose de faire ici.

Je me contenterai, pour la clarté de l'exposition, de rappeler brièvement la jurisprudence de la Cour de Cassation, relativement à la loi du 30 Mars 1900, et la situation qui en résulte.

L'application de cette loi a donné lieu de la part de la Cour suprême à quatre arrêts de principes : ce sont les arrêts des 26 Janvier 1901, 30 Novembre 1901, 27 Avril 1900, 6 Mai 1904.

Le premier donnait à l'interprétation de la loi toute son ampleur ; le second au contraire réduisait sa portée au minimum en scindant la loi de 1892 et celle de 1848, décidant ainsi que seule la prescription relative à la durée de travail était applicable aux adultes. Les conséquences de cet arrêt sont infiniment regrettables ; mais si médiocres que soient devenus les résultats de la loi de 1900 il restait cependant une loi, des dispositions effectives comportant la réduction de la journée à dix heures.

Les deux arrêts ultérieurs, par contre, ont abouti à cette conséquence qu'il reste bien un texte mais qu'il n'y a plus de loi. On ne peut pas dire, en effet, quelle que soit la matière, qu'il y ait une loi lorsqu'elle n'a pas de sanction, lorsque, suivant l'expression de la Commission supérieure du travail, son observation est uniquement subordonnée au bon vouloir des intéressés ; c'est la négation même de l'idée de loi que la suppression de la notion d'obligation.

Avant d'établir aucune sanction, il faut pouvoir constater le délit ou la contravention, établir un contrôle : c'est par suite de cette nécessité bien reconnue, et des conditions d'application spéciales de la législation du travail, qu'a été décidée et organisée par la loi du 19 mai 1874, d'abord, et surtout par celle du 2 Novembre 1892 la création de l'inspection du travail. Cette même loi qui posait par son article 3 une limite à la durée du travail des femmes et des enfants, donna par son article 11, aux inspecteurs du travail les moyens de pouvoir se rendre compte de l'observation de ces dispositions. La loi visant la durée effective du travail, la durée des repos devait naturellement être déduite du temps de présence à l'atelier : le second paragraphe de l'art. 11 stipule donc que : « *Les patrons, chefs d'industrie ou loueurs de force motrice devront afficher les heures auxquelles commencera et finira le travail ainsi que les heures et la durée des repos. Un duplicata de cette affiche sera envoyé à l'inspecteur, un autre sera déposé à la mairie* ».

Le texte de cet article ne semblait pas pouvoir prêter à contestation : l'inspecteur ne pouvant pas, à moins d'être en permanence à l'usine, constater de visu toutes les données ainsi énumérées et nécessaires pour contrôler la durée de la journée de travail effectif, la loi prescrit que cette journée ne pourra pas être comprise entre des limites quotidiennes arbitraires : ces limites devront êtres fixées d'avance et, afin qu'aucune fraude ne soit possible, ce règlement, cet horaire devra être affiché pour être connu de tous, déposé à la mairie comme garantie de sa stabilité, et communiqué à l'inspecteur du travail afin qu'il lui soit loisible, arrivant à n'importe quel moment, de pouvoir constater si la loi est observée.

Les résultats déplorables provoqués par la non existence de cette prescription dans le décret-loi de 1848 en montraient toute la nécessité ; et son sens paraissait ne pas pouvoir laisser place au doute, refléter nettement les intentions du législateur. Une lacune cependant s'y trouvait : on n'avait pas spécifié que les heures extrêmes devraient comprendre une durée de dix heures pour les enfants et de onze heures pour les femmes, de telle sorte que si l'horaire habituel ne prévoyait qu'une durée de travail de 4 ou 5 heures, le fait de le porter exceptionnellement à 6 ou 7 heures devait pouvoir être considéré comme une violation de la loi.

Ce cas si peu vraisemblable se produisit pourtant, et c'est lui qui a donné naissance à l'arrêt du 27 Avril 1900.

« L'espèce sur laquelle la Cour de cassation était appelée à se prononcer était la suivante : un industriel avait été acquitté par le tribunal de simple police d'Angers à la suite d'un procès-verbal de contravention *constatant la présence au travail* de cinq enfants une demi-heure après la limite fixée par l'horaire. Cette constatation avait donné lieu à cinq contraventions à l'article 11 paragraphe 2 de la loi de 1892 » (1).

Il s'agissait d'un orphelinat où l'horaire ne portait qu'une durée de travail de cinq heures ; il était d'autre part constant que la durée effective était restée bien au-dessous des limites posées par la loi puisque l'inspec-

---

(1) Cf. Exposé des motifs du projet de loi, page 3.

teur s'était présenté une demi-heure seulement après l'heure indiquée sur l'horaire pour la cessation du travail et que rien ne permettait d'affirmer que celui-ci eût commencé avant le moment prescrit. Le jugement du tribunal de simple police pouvait par suite se comprendre en équité et ne violait certainement pas l'esprit de la loi de 1892. On conçoit donc jusqu'à un certain point que la Cour suprême ait estimé que la disposition de l'article 11, paragraphe 2, sur laquelle s'appuyait le procès-verbal ne pouvait viser le fait d'employer des ouvriers en dehors de l'horaire, mais dans la limite de la durée légale. « La loi dit, en effet, que l'industriel » doit afficher les heures d'entrée, de sortie et de repos, » et on pouvait estimer que l'auteur du procès-verbal, » au lieu de viser *le fait d'employer des ouvriers* en dehors » de l'horaire n'aurait dû viser que *l'affichage* inexact » des heures de travail » (1). Ce fut l'interprétation qui prévalut devant la Cour de Cassation ; le jugement du tribunal de simple police fut confirmé par l'attendu suivant :

« Attendu que le fait d'employer des ouvriers après » l'heure fixée pour la clôture du travail n'est point » défendu et puni par la loi ».

Il résultait de cette jurisprudence l'impossibilité d'adopter dorénavant en cette matière le principe posé par la loi de 1892, de dresser autant de contraventions que l'infraction commise intéressait d'ouvriers ; l'inspecteur n'avait la ressource que de dresser un procès-verbal unique, constatant la violation de l'article 11, paragraphe 2, par suite de l'inexactitude de l'horaire affiché. On a souvent déploré le chiffre peu élevé de l'amende qui sanctionne les contraventions à la loi de

____

(1) Cf. Exposé des motifs du projet de loi, page 4.

1892 ; elle peut cependant, dans certains cas, lorsqu'elle est répétée un grand nombre de fois, constituer une pénalité appréciable. Mais si une infraction très profitable au chef d'entreprise qui la commet n'est frappée que d'une amende de cinq à seize francs, il est trop évident qu'on en arrive indirectement à inciter au mépris de la loi moyennant paiement d'une sorte de prime forfaitaire. Qu'importe à un patron peu scrupuleux, désireux de dépasser constamment la durée de la journée légale de travail, que lui importe le paiement accidentel de seize francs, voire même de 100 francs dans le cas de récidive, si en affichant un horaire inexact il tourne la loi et rend ainsi tout contrôle matériellement impossible.

Pratiquement donc, cet arrêt du 27 avril 1900 annihilait en grande partie les effets de la loi ; mais il en laissait subsister le principe, et malgré les inconvénients que présente l'amende fixe, trop élevée ou trop faible suivant les cas et les personnes, on aurait pu, sur ce terrain, songer à fortifier la répression. — Si regrettables que fussent, d'ailleurs, les conséquences de cet arrêté, force était de reconnaître qu'on en pouvait trouver une explication et que la Cour de Cassation avait donné, du texte visé, une interprétation fâcheusement restrictive, mais somme toute, logique par certains côtés.

Son dernier arrêt, celui du 6 Mai 1904, qui a donné naissance au projet de loi dont nous nous occupons, est plus inexplicable. Il s'agissait d'un jugement du Tribunal de Simple Police de Dôle, qui faisait l'objet d'un pourvoi dans l'intérêt de la loi :

. . . .

« Attendu que le sieur Rousseau était prévenu » d'avoir contrevenu à l'art. 11, parag. 2, de la loi du

» 2 Novembre 1892, lequel dispose : « Ils (les patrons
» ou chefs d'industrie) afficheront les heures auxquelles
» commencera et finira le travail, ainsi que les heures
» et la durée des repos ; un duplicata de cette affiche
» sera envoyé à l'Inspecteur, un autre sera déposé à la
» mairie » ;

« Attendu qu'il résulte du procès-verbal en date du
» 17 Janvier 1903, base de la poursuite, que plusieurs
» ouvrières et plusieurs enfants étaient régulièrement
» occupés dans les ateliers de l'imprimerie ; que,
» d'après la déclaration de la dame Rousseau, ils y
» travaillaient, depuis la saison d'hiver, de 7 heures du
» matin à 7 heures du soir, avec repos de midi à une
» heure et demie du soir, alors que le tableau des
» heures de travail affiché dans l'établissement portait
» que les femmes et enfants y étaient occupés de
» 6 heures du matin à 6 heures un quart du soir, avec
» repos de 8 heures à 8 heures un quart et de midi à
» une heure et demie ;

» Attendu que Rousseau a été renvoyé des fins de
» la prévention par le motif « que le fait de ne pas
» suivre exactement les heures de travail et de repos indi-
» qués au tableau affiché à l'atelier et au duplicata envoyé
» à l'inspecteur n'est pas défendu par les dispositions de
» l'article ci-dessus transcrit ; qu'il n'appartient pas aux
» tribunaux de police de suppléer par voie d'interprétation
» au silence de la loi » :

» Attendu, d'une part, que le fait d'employer des
» ouvrières ou enfants après l'heure fixée pour la clô-
» ture du travail n'est pas défendu et puni par la loi,
» lorsqu'il n'est pas établi que la durée du travail, telle
» qu'elle est autorisée, ait été dépassée ;

» Attendu, d'autre part, qu'aucune disposition de
» la loi ne punit le défaut de concordance entre le

» tableau affiché et le travail effectif; et qu'ainsi à
» défaut de sanction pénale écrite dans la loi, la déci-
» sion attaquée n'a pas violé l'art. 11, parag. 2 susvisé;

« Et attendu que la décision attaquée est régulière
» en la forme;

» Par ces motifs,

» Rejette le pourvoi formé dans l'intérêt de la loi
» par le procureur général contre le jugement rendu le
» 9 Mars 1903 par le tribunal de simple police de Dôle ».

Ainsi donc aucun doute n'est possible; l'espèce était
claire : il était effectivement dérogé volontairement et
d'une manière constante, le jugement le constate, à
l'horaire affiché qui est donc inexact; et la jurisprudence reconnaît que rien dans la loi ne punit, et, par
suite, n'interdit ce défaut de concordance entre l'horaire
et le travail effectif, c'est-à-dire l'affichage d'un horaire
inexact.— La dernière conséquence de l'art. 11, parag. 2,
qu'avait laissé subsister l'arrêt du 27 Avril 1900, disparaît donc à son tour.

Vous remarquerez la brièveté des considérants.
Nous n'entrerons pas, ce n'est pas notre rôle, dans la
discussion juridique de cet arrêt. — Nous nous bor-
nerons à regretter que la Cour de cassation n'ait pas
suivi l'exemple qu'elle a donné souvent elle-même et
n'ait pas par des attendus plus détaillés montré les
raisons qui ont pu lui dicter un arrêt dont les conséquences sont si étranges.

Tous les arrêts précédents laissaient subsister une
prescription légale : peut-être certains textes étaient-ils
rédigés d'une manière qui ne permettait pas à la Cour
suprême, chargée de dire le droit, de leur reconnaître
la portée que le législateur entendait lui donner; des
espèces avaient pu se produire où l'application exten-

sive de la loi eût abouti à des conséquences pratiques contraires au bon sens, à l'équité et aux volontés mêmes du législateur; mais telle quelle la prescription répondait à quelque chose.

Dans ce cas-ci, au contraire, il n'en est plus de même; si le défaut de concordance entre l'horaire et le travail effectif ne constitue pas une faute, quelle a pu être l'intention du législateur? qu'a-t-il voulu dire, et que peut signifier son texte? D'après l'arrêt du 6 Mai 1904, le paragr. 2 de l'art. 11 de la loi du 2 novembre 1892 revient à obliger le patron à afficher un papier sur lequel est écrit quelque chose. Il eût été bon que la Cour de Cassation répondît par avance à ce considérant du juge de simple police de Lille dans une affaire semblable.

...«Attendu, quant au deuxième point, qu'aux termes du deuxième paragraphe de l'article 11 de la loi du 2 novembre 1892, les industriels assujettis sont tenus d'afficher «les heures auxquelles commencera et finira le travail, ainsi que les heures et la durée des repos » que les expressions : «*commencera et finira*» indiquent injonction impérative de commencer et de finir le travail aux heures indiquées ; que d'ailleurs, s'il en était autrement, on ne comprendrait pas que le législateur ait ordonné à l'industriel, *sous contrainte pénale*, de dresser un horaire, de l'afficher dans chaque atelier, d'en déposer un exemplaire à la mairie et un autre à l'inspection, de n'y rien changer sans avis donné à l'inspecteur, cela dans le seul but de procurer une certaine distraction à l'industriel et à l'inspecteur, et de rompre la nudité des murs de l'atelier (1). »

1. Jugement du Tribunal de Simple Police de Lille, en date du 25 juin 1904. Bulletin de l'Inspection du Travail 1904, n° 3.

Quoi qu'il en soit l'arrêt a force de chose jugée, c'est son interprétation qui fixe le sens de la loi. Nous devons admettre que le législateur n'a pas su manifester ses volontés. Mais ces volontés existent. La loi ne prescrit pas l'obligation de la concordance entre l'horaire affiché et le travail effectif? soit ! Au législateur qui la juge nécessaire de la prescrire en termes explicites. Tel est le but du projet de loi déposé sur le bureau de la Chambre le 14 juin, il y a un an exactement aujourd'hui, par le Ministre du Commerce.

Le texte de ce projet est emprunté aux propositions faites par la Commission de codification des lois ouvrières en vue de combler les lacunes que le travail accompli par elle avait permis de constater dans la législation ainsi codifiée. En voici le dispositif :

PROJET DE LOI

relatif au contrôle de la durée du travail dans les établissements industriels, déposé à la Chambre des Députés, le 14 juin 1904, par M. Trouillot, ministre du Commerce, de l'Industrie, des Postes et Télégraphes.

Le Président de la République française,

Décrète :

Le projet de loi dont la teneur suit sera présenté à la Chambre des Députés par le Ministre du Commerce, de l'Industrie, des Postes et des Télégraphes, qui est chargé d'en exposer les motifs et d'en soutenir la discussion :

ARTICLE PREMIER

Dans les établissements énumérés à l'article premier de la loi du 2 novembre 1892, les chefs d'entreprise, directeurs ou gérants, doivent afficher un horaire général fixant d'une manière uniforme pour tous les ouvriers qui ne sont pas visés par les affiches nominatives ci-dessous prévues, les heures extrêmes auxquelles commence et finit le travail, ainsi que les heures et la durée des repos.

ARTICLE 2

Le temps compris par l'horaire général entre les heures extrêmes du commencement et de la fin du travail, déduction faite de la durée des repos qui y sont indiqués, doit être de dix heures au maximum lorsque l'horaire général s'applique à des femmes ou à des enfants, et de douze heures lorsqu'il s'applique exclusivement à des hommes adultes.

Ce temps est augmenté des heures supplémentaires, dans les cas où l'industriel, en vertu de dérogations prévues par la loi, est autorisé à prolonger la durée du travail prévu au présent article.

ARTICLE 3

Pour toutes les personnes dont les travaux ne sont pas soumis à l'horaire général établi conformément aux prescriptions ci-dessus, une ou plusieurs affiches les concernant doivent indiquer, pour chacune d'elles, avec ses heures de travail et de repos, ses nom, âge, sexe, le service auquel elle est employée et son lieu de travail.

ARTICLE 4

Un duplicata de l'horaire général et des autres affiches prévues par la présente loi, doit être envoyé à l'Inspecteur départemental du travail avant leur mise en service.

ARTICLE 5

Tout travailleur occupé en dehors des heures fixées par l'horaire général ou par une affiche le concernant nominativement, est de plein droit considéré comme employé en violation des dispositions de la présente loi. Il en est de même, à défaut d'horaire général, pour tout travailleur employé dans l'établissement sans être porté sur une affiche nominative.

ARTICLE 6

En ce qui concerne les mines, minières et carrières, les prescriptions établies par la présente loi sont remplacées par des moyens de contrôle que détermine un règlement d'administration publique.

ARTICLE 7

Les Inspecteurs du travail sont chargés d'assurer l'exécution de la présente loi.

Sont applicables aux contraventions visées par la présente loi les dispositions des articles 20, 21, 26, 27 et 28 de la loi du 2 novembre 1892.

ARTICLE 8

L'article 2, paragraphe 2 de la loi du 2 novembre 1892, est abrogé.

L'économie de ce projet est d'une simplicité extrême. Il se borne à préciser que l'inobservation de l'horaire constitue la preuve de la violation de la durée légale du travail, puisque cet horaire est le seul moyen de contrôle reconnu possible et efficace. Ce faisant, il se borne à expliciter ce qui depuis 1892 jusqu'aux arrêts de la Cour de Cassation avait été considéré comme étant le sens du paragraphe 2 de l'art. 11 de la loi du 2 Novembre 1892 et avait été appliqué comme tel. Mais par le seul fait que la loi se prononcera dorénavant d'une manière catégorique et impérative elle fermera la porte à l'interprétation libérale éventuelle de la juris-prudence relativement aux cas particuliers et aux diffi-cultés spéciales que peuvent rencontrer certaines indus-tries, ou que des circonstances imprévues peuvent ame-ner pour toutes. Il importait donc dans la rédaction du texte de bien spécifier les moyens par lesquels on assure la souplesse nécessaire pour qu'une réglementation aussi précise puisse s'adapter à toutes les complexités de l'industrie. C'est pourquoi, en présence de l'étendue, relativement considérable, des nouvelles dispositions et de la nécessité de les étendre aux travailleurs visés par le décret-loi du 9 Septembre 1848, il a paru préfé-rable de déposer un projet de loi spécial et distinct plutôt que de proposer simplement des modifications à la loi du 2 Novembre 1892, déjà modifiée par celle du 30 Mars 1900.

Il peut sembler étrange qu'il y ait lieu de discuter longuement à ce sujet tant il apparaît que puisque la réglementation du travail existe, qu'elle est voulue par la majorité du Parlement et du pays, il est indispen-sable qu'elle soit effective. C'eût été cependant bien mal connaître l'état d'esprit de nos adversaires que de croire qu'ils accepteraient sans protestation un projet si simple, si limité, et dont les auteurs ont pris soin d'introduire explicitement des dispositions non prévues cependant par le législateur de 1892, en vue d'assurer à l'industrie, sans ambiguïté possible, toute la souplesse désirable.

C'est ainsi que le *Journal des Débats* commentant ce projet dans un article intitulé *Les Engrenages de la réglementation du travail*, apprécie le projet : « Vous ajoutez des tourniquets à la série déjà nombreuse de ceux par où doivent passer les industriels ;... maintenant ce sera le ligottage sans phrases, pour lequel les chefs d'entreprise fournissent eux-mêmes le lien ». Ou les lignes qui précèdent ne constituent qu'une manifestation d'inconscience, ou il n'est pas plus possible de dire : Les industriels se plaignent d'une réglementation qu'ils qualifient de tracassière, bien qu'en réalité ils ne l'appliquent pas. Vous êtes des tyrans ; mais où vous dépassez les bornes de l'autoritarisme, c'est lorsque vous prétendez les obliger à observer cette réglementation au sujet de laquelle ils ont tant récriminé.

Il n'y aurait pas lieu somme toute de s'arrêter à une critique ainsi formulée, de façon générale ; on pourrait n'y voir, suivant le mot qu'écrivait récemment à ce propos M. Paul Pic, que l'expression des lamentations et exagérations habituelles de l'école orthodoxe : il suffit que soit prononcé le mot de contrôle de la durée du travail, pour que se réveille toute leur opposition de principe.

Mais des critiques plus précises ont été formulées qui seront sans doute présentées devant le Parlement et il est nécessaire, les ayant examinées en détail, de faire ressortir qu'elles ne sont pas fondées.

Un certain nombre de Chambres de commerce se sont émues de ce projet de loi et ont pris des délibérations pour protester contre lui. Les mêmes arguments s'y retrouvant, nous examinerons plus particulièrement celle prise par la Chambre de Commerce de Paris le 23 novembre 1904 sur le rapport que lui avait présenté M. David-Mennet au nom de sa commission de législation industrielle et commerciale.

Après avoir rappelé la phrase de l'exposé des motifs par laquelle le Ministre déclare que le projet n'impose aux chefs d'entreprise aucune obligation, dont le principe ne se trouve déjà formellement inscrit dans la loi, mais qu'il tend à rendre effectif le contrôle très souvent illusoire, l'auteur du rapport indique tout de suite qu'il leur paraît que ces bonnes intentions ne se retrouvent pas dans le projet.

« Si nous avons tenu à citer ce texte même de
» l'exposé des motifs, c'est que nous serons amenés à
» examiner si les dispositions du projet répondent
» exactement aux intentions qu'il exprime. Les rédac-
» teurs de ce projet ont voulu faciliter le service de
» l'inspection du travail sans aggraver, disent-ils, la
» situation des industriels ; mais peut-être n'ont-ils pas
» envisagé toutes les conséquences de ces nouvelles
» prescriptions en ce qui concerne la bonne marche
» des usines et des ateliers ; peut-être ne se sont-ils pas
» rendu compte que, contrairement à leur désir, cette
» réglementation ferait naître des difficultés journa-
» lières presque impossibles à surmonter. »

Et plus loin :

« Tel est, Messieurs, le projet de loi soumis à votre
» examen. Nous ne saurions méconnaître que l'inspec-
» tion du travail doit être mise en mesure d'exercer ses
» fonctions et de faire appliquer les lois. *Si la Commis-*
» *sion supérieure du travail estime que la législation en*

» vigueur manque des sanctions nécessaires, nous ne nous
« opposerons pas à ce qu'elle soit complétée sur ce point. »

Vous voyez donc que nous ne rencontrons pas de résistance de principe ; et nous pouvons déjà considérer un point comme acquis, c'est que la Chambre de commerce reconnaît la nécessité de rétablir le contrôle effectif de l'inspection du travail. Si donc il est établi que seul le projet déposé par le Ministre du Commerce est de nature à permettre les sanctions nécessaires nous pouvons espérer que l'opposition de la Chambre de Commerce se trouvera fortement ébranlée.

Mais cela, M. David-Mennet ne semble pas le croire et il considère au contraire que le projet non seulement n'est pas indispensable, mais qu'il est même illégal, qu'il constituerait une législation d'exception et qu'il viole le principe de la séparation des pouvoirs :

« Mais il nous appartient de rechercher si le projet
» de loi constitue seulement la sanction des lois exis-
» tantes, sans les aggraver, comme il en exprime l'in-
» tention, ou si pour réduire les entraves que rencontre
» l'inspection, on n'en crée pas, et de beaucoup plus
» graves, au fonctionnement normal de l'industrie, si
» même les dispositions proposées ne constituent pas
» des mesures d'exception contraires à notre législation.

« Ce que la loi du 2 novembre 1892 interdit et frappe
» de pénalités, c'est le fait de prolonger le travail dans
» les ateliers mixtes au-delà de la durée qu'elle a fixée :
» si l'article 11 de cette loi prescrit l'affichage de l'ho-
» raire, c'est pour fournir aux inspecteurs un moyen
» de contrôle, mais la non concordance entre l'horaire
» et le travail effectif n'est pas un délit par elle-même,
» ainsi que l'a reconnu la Cour de cassation ; le délit
» n'existe que si cette non concordance recouvre une
» violation de la loi, une prolongation du travail au-

» delà de la durée réglementaire. Or, d'après le projet
» de loi, la non concordance de l'horaire et du travail
» effectif devient un délit spécial ; elle suffit à obliger
» le tribunal à condamner le délinquant pour violation
» de la nouvelle loi, même s'il n'a pas violé la loi de
» 1892 et sans pouvoir en faire la preuve. Il y a bien là
» un délit nouveau et une aggravation sensible de la
» situation des industriels.

» L'inspecteur n'aura plus besoin de viser dans son
» procès-verbal, l'article 3 de la loi de 1892 qui fixe la
» durée du travail et constitue la disposition fondamen-
» tale de la législation en vigueur ; il se bornera à
» relever l'infraction à l'article 5 de la loi future, relatif
» à l'inobservation de l'horaire. Contre cette constata-
» tion aucune preuve ne sera admise. Le rôle du tri-
» bunal se réduira à l'enregistrer et à prononcer la
» condamnation. Dans les répressions de droit commun,
» le Code sépare soigneusement l'action de l'adminis-
» tration et de la police chargées de constater les faits
» et celle de la magistrature qui apprécie la culpabilité.
» De même, jusqu'ici, l'inspection du travail qui exerce
» la police des ateliers dressait procès-verbal pour les
» actes accomplis en violation des lois et règlements,
» mais c'est aux tribunaux seuls qu'appartenait la mis-
» sion d'examiner les constats des inspecteurs, d'en-
» tendre la justification des prévenus et de décider
» s'il avait été commis un délit. Désormais, les procès-
» verbaux des inspecteurs établiraient le délit en
» même temps qu'ils constateraient le fait ; les tri-
» bunaux, sans pouvoir entendre aucune explication ni
» preuve contraire, n'auraient qu'à enregistrer les con-
» conclusions de l'inspecteur et à appliquer la peine.
» C'est cette disposition que nous ne saurions approuver.
» Il est juste que les industriels, comme tous les

» citoyens restent sous la protection des tribunaux qui
» leur offrent une garantie légale contre les excès de
» pouvoirs éventuels de l'administration ; le nouvel
» article 5 doit être repoussé comme contraire au prin-
» cipe de la séparation des pouvoirs. »

En vérité, Messieurs, à la lecture de cette argumentation on éprouve un grand étonnement. Nous ne pouvons parvenir à voir comment le procès-verbal de
l'Inspecteur établirait davantage le délit, qu'il ne
l'établit chaque fois qu'il dresse procès-verbal, pour
une violation quelconque de la loi, ou qu'un agent de la
force publique ne l'établit lorsqu'il constate une infraction aux lois ou arrêtés : ce n'est pas lui qui infligera
la peine prévue par la loi, c'est le tribunal sur la
constatation qu'un fait s'est produit. Il s'établit, nous
semble-t-il, une confusion dans l'esprit de l'auteur du
rapport, entre la loi proposée et la loi du 2 novembre
1892 : il paraît croire que c'est la constatation de la
violation de l'horaire, fait spécial et bien précis, qui
créera le délit d'infraction aux dispositions de la loi de
1892. Ce n'est pas l'inspecteur du travail qui fera de
cette contravention un délit, c'est le législateur qui le
dit lui-même explicitement. « *Tout travailleur occupé*
» *en dehors des heures fixées par l'horaire est de plein*
» *droit considéré comme employé en violation de* LA PRÉ-
» SENTE LOI ». La violation de cette loi, c'est-à-dire la non
concordance de l'horaire et du travail effectif, constitue
un délit spécial, frappé en vertu de l'article 7 des mêmes
peines que celles prévues par la loi du 2 novembre 1892.

ART. 7. « Les Inspecteurs du travail sont chargés
» d'assurer l'exécution de la présente loi.

» Sont applicables aux contraventions visées par la
» présente loi les dispositions des art. 20, 21, 26, 27 et
» 28 de la loi du 2 novembre 1892 ».

Au surplus nous n'insisterons pas plus sur cet argument que M. David-Mennet lui-même :

« Quelque important, dit-il, que soit cet art. 5 du
» projet de loi au point de vue des principes juridiques
» nous ne nous y arrêterions pas avec tant d'insistance
» s'il ne portait atteinte aux nécessités journalières des
» usines et si ses dispositions n'étaient absolument
» impraticables ».

Nous reviendrons tout à l'heure, en détail, sur les exemples que donne M. David-Mennet et avec lui la Chambre de Commerce de Paris, pour montrer que la loi est *absolument* impraticable, et nous examinerons tout de suite leurs conclusions.

Ils demandent que « la non concordance entre
» l'horaire et les heures effectives du travail ne consti-
» tue qu'une présomption de fraude et que soit laissé à
» l'industriel le droit et la charge de prouver que la
» durée du travail n'a pas dépassé les fixations légales. »

Certes, au point de vue théorique et juridique cette proposition signifie quelque chose : c'est le renversement de la situation actuelle en matière de preuve. Alors qu'aujourd'hui la violation de l'horaire ne constitue une présomption que pour l'inspecteur et qu'il lui incombe de prouver que cette présomption est fondée, avec le système proposé c'est l'industriel qui devrait prouver que, par suite de circonstances spéciales, des interruptions dans le travail en ont réduit la durée de telle sorte que malgré la prolongation elle n'a pas dépassé les dix heures ou les douze heures prévues par la loi.

Mais qui ne voit, parmi les personnes connaissant les difficultés pratiques du contrôle, qu'en fait l'adoption de cette proposition reviendrait à maintenir le statu quo.

Les chefs d'industrie ne pourraient prouver leur correction que par le témoignage du personnel de l'usine; mais si ce témoignage était pratiquement admissible, point ne serait besoin de ce projet de loi même amendé. A tort ou raison, on considère qu'il ne saurait être sincère; et malheureusement ce n'est pas à tort : quel est l'inspecteur du travail à qui il n'est pas arrivé, ayant dressé procès-verbal sur les indications d'ouvriers, de voir produire contre son dire devant le tribunal, de nombreuses dépositions d'ouvriers en tête desquels figurent bien souvent ceux qui l'avaient renseigné? Les renvois d'ouvriers à la suite de plaintes adressées par eux à l'inspecteur ont été si fréquents que, ainsi que le rapporte l'exposé des motifs, le service de l'Inspection a dû prescrire aux Inspecteurs de ne plus nommer les ouvriers dans leurs rapports. Et rapportant ce motif allégué, non seulement M. David-Mennet n'y contredit point, ne le déclare pas invraisemblable, mais il conclut, comme nous le rapportions il y a un instant, par ces mots :

« Tel est, Messieurs, le projet de loi soumis à votre
» examen. Nous ne saurions méconnaître que l'ins-
» pection du travail doit être mise en mesure d'exercer
» ses fonctions et de faire appliquer les lois. Si la Com-
» mission supérieure du travail estime que la légis-
» lation en vigueur manque des sanctions nécessaires,
» nous ne nous opposerons pas à ce qu'elle soit com-
» plétée sur ce point ».

C'est reconnaître implicitement que sous le régime de la législation en vigueur, l'inspecteur ne peut pas compter sur la sincérité des dépositions ouvrières lorsqu'elles doivent être publiques.

Il n'est pas besoin d'insister pour montrer que si le patron était admis à faire, par ce moyen, la preuve de l'inexactitude de la présomption relevée par l'inspecteur, l'optimisme de ces dépositions serait sujet à caution.

Il y a bien, en théorie, un autre moyen de faire cette preuve, à l'aide des registres de paye et d'émargement des ouvriers. Mais outre que cette preuve manquerait de rigueur dans le cas du travail aux pièces, il n'est pas téméraire de penser que l'autorité abusive d'un patron pourrait s'exercer sur son personnel également dans ce cas. On peut concevoir toutefois la possibilité de fortifier cette forme de contrôle par la vérification de l'identité entre les registres de paye et les livres de comptabilité.

Nul doute que si une telle proposition était faite elle ne soulevât l'indignation et les protestations des industriels. Le secret de leur comptabilité leur tient légitimement à cœur et ce n'est pas sans raison que la loi a expressément limité les cas où il pourrait être pénétré.

Mais, même en admettant que quelques-uns des intéressés préfèrent la liberté d'user de cette ressource aux dispositions du projet de loi sur le contrôle de la durée du travail et aux inconvénients qu'ils y trouvent, il ne serait pas possible de considérer que la preuve puisse être faite de cette manière.

Tout d'abord se présenterait une difficulté pratique quasi insurmontable ; par qui serait faite cette vérification ? Ni l'inspecteur, ni le juge de simple police ne sont compétents et d'ailleurs une telle opération prendrait un temps hors de proportion avec l'intérêt réel présenté.

Au surplus, admettant ces objections levées, il reste que cette vérification ne produirait que ce qu'on voudrait bien lui laisser donner. La vérification de la comptabilité peut être précieuse si elle est faite à l'improviste et sans que l'intéressé sache qu'elle est possible, mais lorsqu'elle est prévue et érigée en système elle n'a plus de signification. Chacun a pour sa comptabilité la forme qu'il veut et rien n'est plus facile que de masquer dans la comptabilité la plus parfaite et par les écritures les plus régulières une catégorie de dépenses qu'on désire ne pas laisser paraître.

Devant les objections que soulèvent les différents moyens de contrôle nous avons cherché à nous rendre compte de ce qui se passe à ce sujet dans les pays étrangers où l'inspection du travail est sérieusement organisée. Nous avons demandé et obtenu des renseignements en ce qui regarde : l'Allemagne, l'Autriche, la Suisse et l'Angleterre.

En ce qui concerne la Suisse, nous avons obtenu de l'amabilité de M. Amy Campiche, Inspecteur en chef des cantons de langue française, les renseignements suivants, au cours d'une conversation, ces jours derniers, à Berne :

En Suisse, la durée du travail est réglementée par l'article 11 de la loi de 1877 sur le travail dans les fabriques. L'exécution de la loi est confiée aux Gouvernements cantonaux, qui ont promulgué à cet effet des règlements d'exécution, dont le contrôle incombe aux Inspecteurs du travail fédéraux. Les contraventions dressées par l'Inspecteur reçoivent leur sanction de l'autorité administrative, sans intervention d'un tribunal; celui-ci n'intervient que si l'industriel, refusant d'accepter l'amende dont il a été frappé, fait appel.

Quatre-vingt-quinze fois sur cent la décision administrative est acceptée. Dans les cas qui arrivent devant les tribunaux, il est bien rare que les décisions prises ne soient pas confirmées et cela par suite de la procédure fort ingénieuse généralement suivie par l'Inspection.

L'Inspecteur qui trouve un chef d'industrie en défaut ne lui dresse contravention que s'il constate chez lui attitude arrogante ou désir de mettre obstacle à l'accomplissement de sa mission. En général il se borne à le mettre en demeure par lettre envoyée à son retour au siège de sa résidence : il l'avise qu'il a constaté telle infraction, et l'invite à lui faire savoir par écrit avant une date déterminée quelles mesures il compte prendre pour se mettre en règle. S'il reçoit la réponse et qu'à une contre-visite faite peu de jours après il constate le même manquement il dresse contravention et sa mise en demeure suivie de la réponse est un argument irréfutable à produire devant le tribunal. Si, et le cas est fréquent, il ne reçoit pas de réponse, il dresse contravention pour inobservation d'un ordre écrit, prévue par la loi de 1877 et c'est ce seul grief, sur lequel la contestation est impossible, que les tribunaux ont à apprécier.

Les inspecteurs, partie à cause de cela, partie par suite du tempérament national, jouissent auprès des tribunaux d'une grande autorité.

Quand il s'agit de la durée du travail, la situation théorique faite par la loi est celle que propose la Chambre de Commerce de Paris, mais la situation de fait est bien différente. Certains cantons seulement prescrivent l'affichage de l'horaire ; mais un arrêté fédéral du 6 décembre 1894 stipule que tous les règlements de fabrique doivent contenir l'indication des heures de travail, et ces règlements doivent être approuvés par l'autorité cantonale : les Inspecteurs en ont donc connaissance et connaissent, par ce seul fait, l'horaire.

Le fait de trouver un ouvrier au travail en dehors des heures réglementaires ne constitue qu'une présomption de fraude et l'Inspecteur se livre à une enquête pour établir s'il y a eu fraude ou non. L'enquête se fait en interrogeant les ouvriers, mais, et c'est là le point capital, le nom des ouvriers interrogés ne figure pas dans les procès-verbaux, et eux-mêmes se refuseraient de parler s'ils n'en avaient l'assurance formelle. C'est l'Inspecteur qui, dans sa conscience, apprécie si la loi a été effectivement violée ou non. Dans le cas assez rare où l'affaire vient jusque devant le Tribunal, le patron a le droit de produire des témoins : l'Inspecteur n'en produit pas ; il se borne à apporter sous la foi du serment le résultat de son enquête, qui a été contrôlée par l'Inspecteur en chef, sans donner le nom de ceux qui l'ont renseigné ; et *jamais en fait* on n'a vu un tribunal hésiter entre l'affirmation de l'Inspecteur et celles des témoins produits par l'industriel poursuivi.

Nous sommes loin de compte, en France, et l'état d'esprit de nos tribunaux est fort peu semblable à ce qu'il est en Suisse. Je doute, d'autre part, que les intéressés se prononcent pour le principe de l'amende infligée par voie administrative, d'ailleurs assez peu conforme à notre tempérament national, et le reproche d'ordre juridique adressé par M. David-Mennet à l'article 5 pourrait ici trouver place.

Il y a lieu de regretter que nos tribunaux, lorsque le rapport de l'Inspecteur est muet sur le nom de ceux qui l'ont renseigné, prennent le contre-pied des tendances des tribunaux suisses et ne tiennent pas autant compte de l'affirmation d'un fonctionnaire pourtant assermenté, qu'ils ont coutume de le faire pour celle des agents de police. Il est vrai que les justiciables sont rarement les mêmes !

Mais peut-être, avec notre tempérament frondeur

vaut-il mieux qu'il en soit ainsi, et il sera bien plus simple, plus net et plus précis que l'industriel sache qu'il n'a pas le droit de violer l'horaire, librement établi par lui, et qu'il peut, à chaque instant, adapter aux nécessités de la marche de l'usine.

En Autriche, la situation présente une grande analogie avec celle qui existe en Suisse. M. l'Inspecteur Malek a bien voulu nous donner les indications suivantes :

Tout industriel employant plus de 20 ouvriers doit afficher un règlement de travail portant, entre autres indications, celles des heures du commencement et de la fin du travail et qui doit être soumis aux autorités administratives industrielles qui sont les mêmes que les autorités administratives politiques : l'Inspecteur n'a que voix consultative sur la légalité des règlements. — Ces règlements ne peuvent être modifiés qu'avec l'assentiment des ouvriers, et doivent être alors approuvés de nouveau par ces mêmes autorités.

Quand un ouvrier travaille volontairement en dehors des heures réglementaires, la jurisprudence est incertaine : certaines autorités industrielles y voient une violation de la loi ; mais, dans un recours récent, le Ministère du Commerce a considéré que la loi n'était pas violée en ce cas.

Pour la constatation des contraventions les autorités industrielles font souvent surveiller les usines par les gendarmes ou la police, mais la plus efficace des surveillances est opérée par les ouvriers eux-mêmes.

Les tribunaux n'ont jamais à connaître de ces contraventions : elles sont du ressort des autorités administratives auprès desquelles l'Inspecteur fait fonction de Ministère public. En cas de dénonciation, — le nom de l'ouvrier n'est jamais livré à la publicité —, l'Inspecteur fait un premier rapport aux autorités administra-tives qui ouvrent une enquête comme elles font sur tout rapport qui leur est soumis.

Le minimum de l'amende est théoriquement de 10 couronnes, en fait elle peut descendre au-dessous. Pour une première contravention on prononce un rappel à l'ordre ; pour la seconde, une amende qui peut atteindre 800 couronnes ; pour la troisième, la peine peut être portée à 3 mois de prison.

D'après les renseignements qui m'ont été ainsi donnés, le contrôle effectué par les ouvriers empêche suffisamment la prolongation illégale de la journée de travail.

Les conclusions à tirer de l'exemple de l'Autriche sont donc analogues à celles que permet l'exemple de la Suisse.

En Allemagne, la situation est différente ; elle n'est pas beaucoup plus brillante que la nôtre.

« Pour aller au cœur, m'écrit M. l'Inspecteur Lôsser, la question du contrôle est exactement au même point qu'en France, si j'en juge par ce que vous m'avez écrit. »

La réglementation est différente suivant qu'il s'agit des hommes adultes, des femmes ou des enfants.

La durée du travail des hommes adultes n'est pas limitée sauf quelques exceptions où une limite a été posée pour des raisons d'hygiène (boulangeries, meu-neries, tailleurs de pierre, etc.) — Toutefois, dans les établissements occupant au moins 20 ouvriers, doit être établi un règlement de travail accepté par tous les ouvriers majeurs, et qui doit porter entre autres indi-cations les heures du commencement et de la fin de la journée régulière ainsi que les heures des repos. Ce règlement doit être soumis à l'autorité administrative qui le communique pour examen à l'inspection du travail. — Si le patron s'écarte de cet horaire, il n'est pas punissable mais les ouvriers ne sont pas tenus d'accepter sa décision. C'est là en fait pour eux une satisfaction bien platonique.

« Dans la pratique, dit dans sa lettre M. le D[r] » Fuchs, ancien Inspecteur principal du travail du » grand-duché de Bade, la durée du travail peut être » augmentée impunément : les ouvriers sont complète- » ment impuissants devant cet abus ; cela est cause de » bien des conflits et il y a là une lacune de notre » législation. »

Pour les femmes, la durée de la journée de travail ne doit pas excéder 11 heures et 10 heures le samedi (par. 137 Gew. Ord.) comme d'autre part le travail de nuit est interdit pour elles, ces heures de travail doivent être comprises, comme limite extrême, entre 5 h. 1/2 du matin et 8 h. 1/2 du soir — ou 5 h. 1/2 du soir le samedi, mais sous cette réserve, la répartition du travail est libre. — La violation de cette disposition est sévèrement réprimée : le § 145 (Gew. Ord.) prévoit une amende de 2,000 mk. et en cas d'insolvabilité, 6 mois de prison.

La répartition choisie doit être communiquée préalablement aux autorités de police locale et il ne peut s'en écarter qu'après avoir informé les mêmes autorités — sous peine d'une amende de 30 mk. ou de 8 jours de prison. — Ce qui est ainsi puni, c'est la non communication de l'horaire, ce n'est pas la violation de la loi sur la journée du travail : celle-ci serait d'ailleurs difficile à constater par ce moyen, car l'horaire n'est pas affiché et n'est pas communiqué à l'Inspection.

« Il n'y a pas de déclaration à faire à l'Inspecteur, » écrit M. Fuchs, et pour ce motif cette prescription n'a

» guère d'effet. Dans toute ma carrière je n'ai pas ren-
» contré un seul cas où une violation de l'horaire ait
» entraîné une pénalité. — Il est du reste très rare que
» l'horaire soit communiqué aux autorités de police,
» surtout à la campagne. Les inspecteurs doivent se
» borner à constater par leurs propres moyens que la
» durée du travail n'a pas excédé 11 heures, et qu'il n'y
» a pas de travail de nuit.

« D'ailleurs même s'ils connaissent l'horaire com-
» muniqué aux autorités de police, sa violation n'est
» pas pour eux une cause de procès-verbal s'ils ne
» peuvent démontrer que la durée de la journée a
» dépassé 11 heures. »

En ce qui concerne les enfants, dont la journée est limitée à 10 heures, la loi prescrit l'affichage de l'horaire mais non par communication à l'Inspection, sans que cependant il fasse foi — Mais les inspecteurs sont si mal outillés pour les ouvrières que cette facilité relative leur est précieuse : grâce à la naïveté et au peu de présence d'esprit des enfants, ils peuvent être relativement renseignés.

Il en va autrement pour les femmes et la ressource tirée de leurs déclarations est précaire, pour les mêmes raisons qu'en France.

Quant à l'attitude des tribunaux, nous trouvons une certaine différence avec ce que nous pouvons constater chez nous : « Il y a quelques années, écrit encore le
» Dr Füchs, ils étaient disposés à l'indulgence ; mais peu
» à peu leurs jugements sont davantage en rapport avec
» la gravité des infractions et on ne peut pas dire, en
» général, qu'ils cherchent à atténuer l'efficacité des
» lois existantes.

Il est vrai, ajoute-t-il, que l'Inspection ferme les yeux sur ces petites contraventions.

Il y a donc à retenir de l'exemple de l'Allemagne que le contrôle de la durée du travail est difficilement exercé par l'inspection : suivant les régions et le tempérament plus ou moins fraudeur des industriels, les moyens laissés à l'inspecteur sont plus ou moins inefficaces, mais, suivant les paroles de l'inspecteur Lásser, la situation n'est pas meilleure en Allemagne qu'en France.

On peut cependant remarquer que la loi allemande punit le fait pour l'industriel d'avoir changé son horaire sans en aviser les autorités : les moyens dont on dispose pour assurer l'exécution de cette disposition sont insuffisants, mais en réalité le principe est celui que consacre le projet Trouillot; les résultats médiocres obtenus par l'inspection allemande prouve que ce principe ne suffit pas et que les dispositions complémentaires de ce projet sont nécessaires (1).

Pour la Hollande nous n'avons pas pu avoir de renseignements détaillés; mais d'une conversation que nous avons eue avec M. Kuyper, inspecteur néerlandais, délégué de son gouvernement à la Conférence de Berne, il résulte que la situation dans ce pays est analogue à celle que crée chez nous la jurisprudence et que les résultats sont mauvais.

En Angleterre on peut faire des constatations assez différentes. Pour les adultes, on le sait, la loi fixe rigou-

---

1. On peut rapprocher de ces considérations le jugement récemment rendu par un tribunal allemand et que rapporte la *Soziale Praxis* : Un industriel qui avait fait veiller ses ouvrières, avec l'autorisation requise par la loi, s'était vu dresser contravention pour ne pas avoir affiché un avis de la veille. Il a été condamné pour ce motif que l'inobservation d'une des précautions exigées par la loi est suffisante pour constituer la faute, même si l'autorisation est obtenue.

reusement les heures extrêmes entre lesquelles peut être placé le temps de travail : l'industriel peut choisir entre plusieurs périodes de la journée ainsi délimitées : une fois son choix fait il ne peut plus le modifier à tout instant de sa propre volonté ! D'autre part le *Factory and Workshop. act de 1901* qui règle la durée du travail pour les femmes, les adolescents et les enfants, prévoit par son article 32, une disposition semblable à celle que nous discutons ici, relative à l'affichage d'un horaire et à l'obligation de s'y conformer ; cette disposition est rendue beaucoup plus rigoureuse que celle que nous préconisons, par l'interdiction de modifier l'horaire plus d'une fois par trimestre sans l'autorisation de l'Inspecteur :

ART. 32.

« Tout patron d'une fabrique ou d'un atelier peut
» fixer, dans les limites de la présente loi, et, s'il est
» soumis aux exceptions déterminées par ou en vertu
» de la loi, il est tenu de spécifier sur un tableau qu'il
» affichera dans la fabrique ou l'atelier :

a) Les heures d'entrée et de sortie ;

b) Les heures de repos ;

c) Le mode d'emploi des enfants : système des demi-journées ou système de l'alternance.

» Dans une fabrique ou un atelier, où un tel tableau
» doit être affiché, les heures d'entrée et de sortie, les
» heures de repos, et le mode d'emploi de tous les
» enfants dans la fabrique ou dans l'atelier, doivent
» être les mêmes que ceux qui sont spécifiés dans le
» tableau.

» Aucun changement dans les heures d'entrée et de
» sortie, dans les temps de repos, ni dans le mode d'em-

» ploi des enfants, ne peut être fait par le patron de la
» fabrique ou de l'atelier, sans que l'inspecteur en soit
» informé par écrit et les ouvriers par une affiche. Un
» tel changement ne peut être fait qu'une fois au plus
» par trimestre à moins d'une autorisation écrite et
» motivée par l'Inspecteur ».

Il serait intéressant de suivre dans l'histoire de
l'Inspection du travail anglaise la trace des difficultés
rencontrées et des dispositions légales successives prises
pour les aplanir, qui ont abouti à celle que nous cons-
tatons dans la loi de 1901. Mais ce rapport est déjà trop
long et je me bornerai à reproduire cette phrase d'une
lettre de Miss Anderson, Inspectrice principale des
manufactures :

« Cette disposition a depuis longtemps été consi-
» dérée ici comme indispensable pour établir nettement
» les limites de la journée, les repos, les heures de
» repas... Vous pourrez voir dans mes rapports annuels
» que dans toutes les discussions relatives aux ateliers
» de femmes, depuis 1896 il était reconnu que la durée
» légale serait dépassée tant que n'existerait pas *à la*
» *fois* une journée de travail à durée déterminée et un
» tableau affiché dans l'atelier portant les heures de
» commencement et de cessation de travail. Seul ce
» moyen permet à l'inspection de voir par elle-même si
» la loi est observée, sans dépendre des dépositions des
» ouvriers qui craignent le renvoi ».

« Personne, continue Miss Andersan, ne songe à
contester la valeur de cette disposition qui est en général
bien observée.

« Seuls, des fraudeurs individuels (individual law-
» brakers) ont élevé des objections. Les employeurs
» intelligents et bien intentionnés ne songent pas à
» discuter la valeur de l'article 32 ».

D'autre part, Miss Anderson constate que l'opinion publique est favorable à la loi ; les magistrats et les Cours supérieures semblent marcher délibérément dans le sens de son application stricte. Le nombre des condamnations prononcées est élevé et le taux des pénalités s'accroît. Il est bon de remarquer encore, ainsi que le constate notre correspondante, que bien que limités aux femmes et aux enfants, les effets de la loi de 1901 ont, en fait, une grande répercussion sur les conditions de travail des hommes.

De cette trop rapide revue de la pratique du contrôle de la durée du travail dans les pays étrangers, il résulte clairement que des résultats satisfaisants ne sont obtenus que dans deux cas : lorsque les sanctions sont appliquées par voie administrative sans que le nom des ouvriers puisse être prononcé — et, en Angleterre, là où existe la disposition que nous préconisons.

Comme la première éventualité n'est pas réalisable en France et ne paraît d'ailleurs pas souhaitable, nous ne pouvons que conclure à l'inefficacité de la contre-proposition de la Chambre de Commerce.

Mais ce projet est-il gênant pour l'industrie ?

Vous entendez bien, Messieurs, que l'expression dépasse un peu la pensée du rapporteur de la Chambre du Commerce, quand il accuse le projet d'être absolument inapplicable et d'apporter des entraves à la marche générale de l'industrie. La loi proposée, par la faculté de modifier l'horaire sur simple préavis (1) et par la

---

(1) L'exposé des motifs est formel sur ce point. Peut-être eût-il été bon que le texte s'exprimât aussi explicitement. Toutefois, comme rien dans ce texte ne permet de prétendre que « *les* » *heures extrêmes auxquelles commence et finit le travail, ainsi* » *que les heures et la durée des repos* », doivent être fixées une fois pour toutes, la rédaction des articles 1 et 4 exprime clairement

licence d'établir des horaires nominatifs, donne évidem-
ment toute la souplesse désirable et nous ne nous trouvons pas dans cette situation angoissante de nous
demander s'il faut renoncer en pratique à faire appliquer la loi sur la durée du travail, ou porter atteinte à
la prospérité de l'industrie (1).

Il ne peut s'agir que de cas particuliers nécessaire-
ment exceptionnels. Si réellement on ne pouvait pas y
trouver de remède, ce serait certes fort regrettable,
mais entre deux maux, choisissant le moindre, il n'y
aurait pas à hésiter entre une gêne relative dans ces
quelques cas et l'urgence d'assurer effectivement l'application de la loi de 1900.

Mais en est il même ainsi ?

La Chambre de Commerce de Paris cite les exemples
suivants où la loi serait absolument inapplicable et
constituerait une entrave pour l'industrie :

Premier exemple. — Tous les ouvriers portés sur
l'horaire nominatif sont chargés d'un travail spécial
nécessaire à la marche générale de l'atelier. Si l'un
d'eux vient à manquer, et c'est presque toujours inopi-
nément), il faut désigner tout de suite un suppléant.
Par exemple, le chauffeur au moment de se mettre au
travail, fait dire qu'il est malade : on va réveiller dans

d'une manière implicite la faculté de modifier des horaires. D'ailleurs
à notre connaissance cette critique n'a pas été formulée contre le
projet.

(1) Ces grandes facilités laissées par la loi font tomber l'argument
spécieux tiré de l'apparente rigueur qu'il y aurait à frapper un industriel pour avoir violé un règlement émanant de sa propre autorité.
Le législateur le laisse libre d'établir ce règlement et de le modifier à
sa guise, et se borne à exiger sous peine de contravention qu'il observe
ce règlement jugé indispensable comme moyen de contrôle de l'application de la loi.

le voisinage un ouvrier capable d'allumer les feux, sans pouvoir en aviser l'inspecteur. Si celui-ci se présente le matin même, il dressera contravention.

Deuxième exemple. — On constate, dans la matinée, qu'une machine s'est déréglée ; comme la réparation ne peut avoir lieu pendant la marche de l'usine, on décide de la faire au moment du repas. Les mécaniciens vont manger pendant le temps du travail et reviennent procéder à la réparation à l'heure ordinaire du repas. L'inspecteur arrive à ce moment : contravention!

Troisième exemple. — Dans le cas précédent, on prévoit que la réparation durera une demi-heure de plus que le temps du repas. On prévient les ouvriers qu'ils rentreront une demi-heure plus tard et regagneront, le soir, le temps perdu. L'inspecteur voit que le travail continue après l'heure habituelle et vient dresser procès-verbal.

Des changements semblables peuvent être apportés à l'horaire général sur la demande des ouvriers toujours présentée au dernier moment, en raison, soit d'une fête locale, soit de l'enterrement d'un camarade, soit pour tout autre cause. Dans beaucoup d'usines, au printemps et à l'automne, on suit le lever et le coucher du soleil, afin de ne pas mettre en mouvement l'éclairage électrique pour une durée trop courte.

Quatrième exemple. — Les industries des conserves alimentaires, obligées de procéder à leurs diverses opérations dès l'arrivée des denrées et sans interruption, ne peuvent jamais être certaines que chaque équipe d'ouvriers commencera et finira le travail à heure fixe. Un retard dans l'arrivée des trains, les quantités plus ou moins grandes de denrées amenées sur le marché, la présence d'un personnel plus ou moins nombreux (beaucoup d'ouvrières ne travaillant pas tous les jours), ces causes, et d'autres de même nature ne permettent pas d'assigner à l'horaire général une fixité absolue.

Ces exemples rappellent un peu les hypothèses d'écoles.

Il faut admettre que l'inspecteur arrivera à point nommé au moment où la décision vient d'être prise, avant qu'on n'ait eu le temps matériel de remplir aucune des formalités bien simples demandées par la loi. Pour invraisemblable que soit cette hypothèse, elle n'est pas radicalement absurde en théorie ; elle ne tient cependant pas en pratique.

Les industriels auront à prendre l'habitude de ne plus considérer les dispositions légales, comme des prescriptions accessoires qu'on remplit à temps perdu quand on les observe, et à considérer que la première chose à faire pour eux dans les cas envisagés c'est d'afficher un nouvel horaire : le temps matériel que demande cette opération ne peut pas entrer en compte : s'il s'agit de l'horaire général il n'y a pas lieu d'y porter des noms ; s'il s'agit d'horaires nominatifs le nombre d'individus visés est toujours extrêmement faible.

Quelque embarras qu'un chef d'industrie ou un contremaître puisse éprouver à parer à ces cas imprévus, sa résolution une fois prise revient à un changement d'horaire et il ne faut ni temps ni liberté d'esprit pour donner un ordre par écrit. La seule crainte qu'on puisse ressentir c'est d'oublier que la loi le proscrit ; ceci seul suffirait à montrer la nécessité d'un contrôle sévère et sérieux. On sait si bien aujourd'hui que ce contrôle n'existe pas, qu'on ne prend nul soin de se prémunir et qu'on redoute de n'y pas penser à l'avenir.

Ces dispositions ne sont pas plus compliquées que celles prescrites par le décret du 28 mars 1902. Il est vrai que l'Inspection a depuis longtemps signalé que seuls les industriels connus comme observant scrupuleusement les lois en remplissent les formalités, les autres sachant trop bien l'insuffisance du contrôle pour s'en donner la peine.

Examinons maintenant chacun des exemples allégués :

Premier exemple. — On ne peut pas remplacer un ouvrier spécial par le premier venu. Considérons le cas supposé, celui du chauffeur : pour aller réveiller un ouvrier capable de le remplacer, il faut qu'on connaisse d'avance cet ouvrier, car ce travail est trop délicat pour être confié à n'importe qui. On n'aura qu'à prévoir un horaire nominatif pour lui sous le nom de chauffeur suppléant : le plus souvent ce ne pourra être quelqu'un d'étranger à l'usine car les gens capables de faire ce métier sont généralement embauchés. L'horaire du chauffeur pouvant, par le décret du 28 mars 1902, comprendre 1 heure et demie de plus que l'horaire général, l'ouvrier ainsi désigné comme suppléant, pourra être employé à un travail quelconque dans les limites de l'horaire général sans violation de son horaire nominatif.

Deuxième exemple. — On ne peut pas soutenir qu'il y ait là un cas où la décision affecte un caractère d'urgence : pendant le temps que durera le déjeuner des mécaniciens on aura tout le loisir de remplir les formalités complètes, y compris la lettre à l'inspecteur. Si celui-ci survient à ce moment il ne pourra pas se plaindre que les ouvriers soient au repos pendant les heures prévues pour le travail, et il pourra prendre connaissance immédiatement du nouvel horaire.

Troisième exemple. — En fait, de pareilles pertes de temps ne se remplacent pas : des accidents faisant perdre 1/2 heure sont fréquents dans l'année ; mais l'industriel peut objecter que c'est là affaire de convenance et qu'il doit pouvoir le faire ; parfois aussi, dans le cas du travail aux pièces, cette perte de temps serait au détriment de l'ouvrier.

Il y aurait moyen de parer à cet inconvénient sans détruire l'économie du projet. Il suffirait d'y joindre la disposition votée par le Sénat, et adoptée par l'Association dans sa dernière séance, permettant, 15 jours par an, la prolongation du travail pendant 2 heures en cas de force majeure *dûment constaté*. Le frein contre l'abus serait dans la nécessité pour le patron de ne pas épuiser ce crédit pour des vétilles, de crainte de se trouver dans l'impossibilité d'en user dans des cas sérieux.

Quant au deuxième § il y a là un abus d'expression lorsque on emploie les mots au *dernier moment* : c'est au plus tard en entrant à l'usine que ces demandes sont présentées et le temps matériel pour remplir les formalités existe largement.

Quatrième exemple. — Les réclamations des industries des conserves alimentaires sont bien connues : c'est parce qu'on en a admis le bien fondé que des exceptions particulières ont toujours été faites en leur faveur. Elles ont la faculté du travail de nuit ; on prévoit pour elles la faculté de prolonger le travail pendant une importante fraction de l'année : c'est parfaitement suffisant pour parer à ces irrégularités qui sont réelles mais dont on fait la règle alors qu'en réalité elles constituent l'exception : la présence d'un personnel plus ou moins nombreux ne crée pas une situation telle que l'horaire ne puisse en tenir compte, avec la faculté laissée au chef d'industrie de le modifier suivant ses besoins ; l'embarras produit par les quantités plus ou moins grandes de denrées amenées sur les marchés trouvent leur solution dans la prolongation de la journée ou dans le travail de nuit.

Ces exemples ne sont que des cas particuliers, dit le rapport, et il peut s'en produire bien d'autres. On ne peut cependant pas demander au législateur, pas plus en cette matière que dans toute autre, d'arrêter son action en prévision d'éventualités indéterminées et que les intéressés eux-mêmes ne précisent pas. Au surplus l'adjonction à la loi de la disposition tirée de la proposition Waddington et que nous vous demanderons de voter, achèverait d'enlever, par la latitude nouvelle qu'elle donnerait, toute gravité à la gêne qui pourrait être éventuellement ressentie.

Il nous reste à nous demander si le projet atteint complètement son but principal qui est de simplifier le contrôle, de le rendre pour ainsi dire automatique, d'éviter que l'inspecteur ne puisse être mis dans l'impossibilité d'exercer effectivement son action.

L'autorité de la Commission de codification des lois ouvrières qui a proposé le texte et en particulier celle de son éminent rapporteur, M. Bourguin, nous en pourraient dispenser, car une des caractéristiques, de son remarquable esprit est le soin, le souci du détail, la minutie même avec laquelle il envisage tous les aspects d'une question.

Si nous nous y arrêtons un court instant, c'est d'abord que notre tâche nous semblerait, sans cela, insuffisamment remplie, et c'est ensuite pour répondre à certaines préoccupations qui nous ont été exprimées.

'Tout d'abord, on a constaté que bien que le projet soit la reproduction du texte proposé par la Commission, il présente avec lui cette différence que celui-ci faisait partie d'un ensemble, d'un Livre du Code, tandis que le projet constitue un tout isolé : il pourrait donc être bon d'apporter une précision, inutile dans le texte initial, mais qui ne serait pas superflue ici.

La loi entend soumettre à ses prescriptions les ateliers régis aussi bien par le décret-loi du 5 septembre 1848, que par les lois du 2 novembre 1892 et du 30 mars 1900, cela ressort nettement de l'Exposé des motifs, — mais la jurisprudence actuelle nous montre qu'en matière de réglementation du travail ce n'est pas suffisant — et de l'article 2. — Ne conviendrait-il pas d'ajouter à l'article 1er ces mots : « et dans ceux visés par le décret-loi du 9 septembre 1848. » L'excès de précision ne saurait nuire.

En second lieu, on s'est demandé si, au point de vue pratique, le projet ne faisait pas un peu large la faculté d'user de l'horaire nominatif. La Commission de codification et après elle l'exposé des motifs font ressortir que rien n'empêchera un chef d'industrie de ne pas avoir d'horaire général et d'avoir autant d'horaires nominatifs que d'ouvriers :

« L'horaire général, malgré son uniformité, n'im-
» pose à l'industriel aucune obligation qui ne se trouve
» déjà dans la loi. En effet, l'industriel a toute latitude
» pour introduire, au moyen d'horaires nominatifs,
» toutes les exceptions qu'il lui convient d'apporter à
» l'horaire général ; il lui suffit d'observer les règles de
» fond tracées par la loi pour la durée et l'organisation
» du travail, et d'indiquer sur les affiches nominatives

» toutes les mentions prescrites par le paragraphe 3.
» Libre à lui, par conséquent, de fixer des heures par-
» ticulières pour les mécaniciens et chauffeurs, d'or-
» ganiser des relais pour les hommes adultes ; des
» équipes successives pour les hommes, les enfants et
» les femmes, etc. Les combinaisons les plus compli-
» quées, dès lors qu'elles sont permises par la loi, peu-
» vent être prévues dans les horaires spéciaux qui
» laissent au régime du travail toute la souplesse dont
» l'industrie a besoin. A côté de l'horaire général,
» applicable au travail principal de l'usine, des horaires
» particuliers et nominatifs peuvent régler différem-
» ment les heures des travaux préparatoires ou com-
» plémentaires. Si le travail principal est organisé par
» équipes successives, l'horaire général ne peut viser
» toutes les équipes, puisqu'il doit fixer les heures
» d'une façon uniforme pour tous les travailleurs aux-
» quels il s'applique ; mais il peut s'appliquer à l'une
» des équipes, les autres devant faire l'objet d'affiches
» nominatives. L'horaire général peut ne régir qu'une
» partie du travail de l'établissement, la partie prin-
» cipale ou même la plus faible, au gré de l'industriel ;
» parmi les différents régimes de travail que le chef
» d'entreprise établit dans ses ateliers, il choisit comme
» il l'entend celui qui doit figurer dans l'horaire géné-
» ral, à la condition de désigner nominativement dans
» des horaires particuliers tous les travailleurs qu'il
» emploie ; ce sera le cas dans un grand nombre de
» petits ateliers, et même dans des fabriques impor-
» tantes où le système des relais est général. » (1)

Sans doute la souplesse ainsi donnée à la réglementation est complète, mais elle soulève la grosse diffi-

1. Cf. Exposé des motifs, p. 12.

culté pratique de l'identification ; quel contrôle aura l'Inspecteur contre la substitution de personnes ? Dans le cas où quelques ouvriers seulement se trouvent dans cette situation, le problème n'est pas insoluble avec un peu d'ingéniosité et d'adresse ; mais si ce système est appliqué à plusieurs centaines d'individus, toute garantie disparaît. En outre, il peut être à craindre que le travail matériel, le travail de paperasserie de l'Inspecteur, déjà si lourd, ne se trouve inutilement accru et que, parfois même, ceux qui sont en butte à l'hostilité de certains chefs d'industrie trop surveillés ne se trouvent victime d'une taquinerie consistant à modifier fréquemment une série d'horaires nominatifs. Non seulement le temps consacré au classement de ces papiers serait plus utilement consacré à du service extérieur, mais encore le moyen de contrôle que la loi pense y trouver disparaîtrait en fait.

Il serait, sans doute, préférable de décider que l'horaire nominatif ne sera applicable qu'aux ouvriers qui ne sont pas employés à ce que le décret du 28 mars 1902 appelle le travail fondamental de l'établissement. Dans les cas autres que ceux visés par les horaires nominatifs, on pourrait procéder par des horaires d'équipe, ou bien, dans le cas des relais, y adapter l'horaire général, en inscrivant, pour chacune des équipes appelées à se relayer, l'intervalle entre les relais comme durée de repos.

Avec les équipes une fraude reste possible : celle qui consiste à faire travailler le même individu dans deux équipes successives. Il est certain que le problème de l'identification ne saurait être mécaniquement résolu ; mais sa complexité doit être réduite au minimum. Dans le cas des horaires d'équipes, les organisations ouvrières ou les ouvriers eux-mêmes peuvent aider l'inspection. Un cas récent le prouve : les ouvriers d'une usine où on les faisait passer d'une équipe à l'autre, en avisèrent l'Inspecteur en lui donnant les noms de ceux qui composent la première ; la vérification faite pendant de travail de la seconde fut ainsi facile.

Reste une question qui préoccupe certains inspecteurs, c'est celle du préavis.

D'abord par principe : certains considèrent que le fait d'être obligé de demander leur autorisation en cas de dérogation, augmente leur prestige. Il n'y a là rien que d'admissible ; mais croient-ils qu'en fait ce prestige n'est pas atteint lorsque l'industriel qui a demandé cette autorisation n'attend pas la réponse et agit d'autorité ? En outre, dans le cas qui nous intéresse, la nécessité d'attendre la réponse de l'inspecteur paralyserait tout le jeu des horaires variables qui sont une condition nécessaire du fonctionnement de la loi.

Ils envisagent également une question de fait : ils craignent que l'avis ne puisse pas toujours leur être donné en temps utile, surtout à la campagne là où il n'y a pas de bureau de poste à proximité.

L'objection est intéressante et, en la résolvant, on servirait autant l'intérêt des patrons que celui des inspecteurs et du contrôle.

La solution pourrait en être obtenue facilement : d'abord en exigeant, ce qui semble assez naturel, que les lettres d'avis soient insérées au copie-lettres ; puis en prescrivant que mention du changement d'horaire soit faite sur un registre *ad hoc* tenu à la disposition de l'inspecteur : au besoin, le registre de mise en demeure pourrait servir à cet effet.

Mais ceci serait plutôt, peut-être, du domaine d'un règlement d'administration publique.

Y a-t-il lieu pour vous d'émettre un vœu dans le sens des observations qui précèdent ? Nous croyons devoir nous abstenir d'une indication à cet égard : il y a en effet une question de tactique qui prime tout : L'intérêt qui s'attache au vote du projet est si grand que l'on ne doit pas risquer peut-être de le compromettre en augmentant sa sévérité. — C'est là une question que vous trancherez : si vous estimez que le projet dans sa forme actuelle satisfait aux exigences générales et qu'il est secondaire que quelques cas particuliers lui échappent, si ses dispositions doivent être d'une application à la fois facile et rigoureuse, vous le direz en votant simplement le vœu principal que voici : .

VŒU PRINCIPAL

L'Association nationale française pour la protection légale des travailleurs émet le vœu que le Parlement examine et vote, dès que possible, le projet de loi déposé par le Gouvernement le 14 juin 1904, et relatif au contrôle de la durée du travail, en le complétant, au besoin, par l'adjonction de la disposition prévue par la proposition de loi Waddington adoptée par le Sénat le 28 mars 1904, pour la nouvelle rédaction de l'art. 7 (§ 5) de la loi du 2 novembre 1892.

Si vous estimez au contraire qu'il y aurait avantage à ne pas laisser subsister les inconvénients signalés ci-dessus, vous adopterez le vœu suivant présenté subsidiairement :

VŒU SUBSIDIAIRE

Que soient ajoutés à l'art. 1er, après les mots : « par la loi du 2 mars 1892, » ceux-ci : « et dans ceux visés par le décret-loi du 9 septembre 1848. »

Qu'il soit stipulé que les horaires nominatifs ne pour-
ront s'appliquer qu'aux ouvriers qui ne sont pas occupés
au travail fondamental de l'établissement ; et que le tra-
vail des équipes successives soit indiqué en dehors de
l'horaire général par des horaires d'équipe.

DISCUSSION

M. LE PRÉSIDENT. — Après ce rapport si substantiel
de M. Alfassa, quelqu'un demande-t il la parole ?

M. ARQUEMBOURG. — Je demanderais bien la parole
pour présenter quelques observations, mais je crois que
l'heure est un peu avancée.

M. LE PRÉSIDENT. — Si vous pouviez, en résumant vos
observations, les faire tenir en quelques minutes ?

M. ARQUEMBOURG. — Il est probable que je ne serai
pas seul à présenter des observations.

M. LE PRÉSIDENT interroge l'assemblée : personne ne
se présente pour prendre la parole.

Quelques membres proposent de renvoyer la discussion à une prochaine séance, mais M. Jay fait remarquer
qu'étant donnée la proximité des vacances, ce ne serait
pas pratique. En conséquence, il est décidé que la discussion commencera immédiatement et la parole est
donnée à M. Arquembourg.

M. ARQUEMBOURG. — Il me paraît difficile d'examiner
en si peu de temps un projet dont la portée est considérable. Je trouve que ce projet modifie d'une façon
absolue, essentielle, le principe de la réglementation
de la durée du travail. Jusqu'à présent dans toutes les
lois réglementant la durée du travail, soit pour les

adultes, soit pour ce que l'on a appelé les catégories protégées, ce que l'on a réglementé, c'est uniquement la durée du travail. On a, pour cette réglementation, porté, dans une certaine mesure, une atteinte à la liberté individuelle et cette atteinte à la liberté individuelle se justifiait, je la comprends, en raison des considérations très importantes que l'on peut mettre en avant : il est indispensable d'empêcher que l'on puisse abuser du travail de l'ouvrier, et porter ainsi atteinte à sa santé, et, par cela même, à l'avenir de la race et du pays.

On comprend donc que cette réglementation, qui porte certainement une atteinte sérieuse à la liberté individuelle, puisse se justifier par ces considérations qui, pour moi, sont assez intéressantes. Mais nous trouvons dans ce projet une disposition qui est tout autre. Ce que l'on réglemente, en fait, ce n'est plus la durée du travail, mais c'est l'organisation même du travail : par ce seul fait qu'un ouvrier serait trouvé travaillant à une heure qui n'aurait pas été indiquée sur l'horaire, il y aurait contravention à la loi et, par conséquent, il y aurait là un fait punissable. On trouve là, dit le rapport, une méconnaissance voulue des heures de travail voulues pour deux catégories d'ouvriers, les ouvriers adultes et les ouvriers protégés. Lorsqu'on vous dit qu'il y aura contravention, il s'agit d'une contravention à la loi sur la durée du travail. Or, en réalité, il n'y aura pas eu forcément contravention à la loi sur la durée du travail, par le fait que l'on trouvera un ouvrier travaillant à une heure différente de celles qui sont portées à l'horaire ; l'ouvrier pourra n'avoir travaillé dans la journée que deux ou trois heures, et l'industriel sera puni comme s'il avait fait travailler cet ouvrier plus que le temps normal. Je trouve qu'il y a, entre une infraction qui n'est même pas légale et la pénalité, une disproportion évidente, d'autant plus que cet horaire n'a pas une force légale, c'est une chose qui peut être établie par l'industriel.

M. FONTAINE. — Il aura force légale, puisque la loi la lui donnera.

M. ARQUEMBOURG. — L'horaire n'est pas imposé par la loi. La loi a imposé une durée de travail : 12 heures pour les adultes et 10 heures pour les catégories protégées, mais elle n'impose pas que le travail devra se faire entre telle heure et telle heure. L'organisation du travail, la répartition des heures du commencement et de la fin du travail, et des heures de repos, c'est une chose qui est purement laissée à la discrétion de l'industriel. C'est l'industriel lui-même qui établit ces heures ; par conséquent, s'il ne les observe pas, il sera en contravention, non pas avec une disposition légale, mais avec un horaire qu'il aura établi. Il y a là une chose qui est tout à fait distincte, et je trouve qu'il y a une disproportion trop grande entre le fait et la pénalité appliquée. Je comprends très bien qu'il y a une lacune dans la loi du 2 novembre....

M. FONTAINE. — Mais vous tenez à ce qu'elle ne soit pas comblée !

M. ARQUEMBOURG. — Au contraire, je tiens à ce qu'elle soit comblée. Cette lacune, l'arrêt de la cour de Cassation l'a fait ressortir. Je ne discute pas l'arrêt de la Cour de Cassation, parce que j'ai un très grand respect pour les arrêts de la Cour de Cassation. Je le critique d'autant moins qu'il me paraît clair et logique : La Cour se trouvait en présence d'une absence de texte, elle a constaté cette absence de texte, elle ne pouvait pas punir, ce qui est absolument logique ; mais, en même temps, elle a fait ressortir cette lacune qui est regrettable, c'est certain. Si on a pris soin d'inscrire dans la loi un paragraphe qui oblige l'industriel à faire un horaire, c'est pour qu'il serve à quelque chose.

Quel était le but de cette obligation? C'était de renseigner les inspecteurs du travail sur l'heure à laquelle commencerait et finirait le travail, et sur les heures de repos, de façon qu'ils eussent les moyens de constater si ces heures étaient observées : dans le cas où l'inspecteur du travail ne trouverait pas une concordance, il y aurait pour lui une présomption d'un dépassement de la durée légale du travail et en portant son attention sur cet établissement, l'inspecteur pourrait arriver à constater qu'il y avait réellement dépassement de la durée légale et poursuivre : par conséquent, l'inspecteur n'était pas désarmé. Mais si on vient dire que l'horaire est facultatif, alors cette indication donnée à l'inspecteur ne sert plus à rien. Je suppose qu'aujourd'hui tous les industriels affichent que l'on commencera le travail à 6 heures du matin et que, systématiquement ils le commencent à 6 heures 1/2 : l'inspecteur n'a aucune indication par l'horaire qui est donné. Il paraît indispensable que l'horaire soit observé et qu'il y ait une sanction à cette observation de l'horaire. Ce que je trouve, c'est que la sanction que l'on donne aujourd'hui est beaucoup trop lourde. Je comprendrais très bien que l'industriel soit obligé de communiquer l'horaire à l'inspecteur et de l'observer et que, dans le cas où l'inspecteur constaterait la non observation de l'horaire il y ait une pénalité : non pas simplement une contravention de 5 francs qui serait un peu illusoire, je suis le premier à le reconnaître, mais une pénalité sérieuse. Mais de là à établir une contravention par ouvrier pour cette non observation, il y a une très grande distance à franchir. Je trouve que le projet va trop loin. Je comprends que pour l'Inspection du travail c'est un système très agréable : du moment où il y a un horaire obligatoire, où, pour tous les ouvriers trouvés en dehors de l'horaire, l'industriel se trouve en contravention, l'inspecteur n'a qu'à passer dans les établisssements et relèvera très facilement toutes les contraventions qu'il jugera nécessaire. Je reconnais que les heures de travail doivent être en concordance avec les heures de l'horaire, mais je trouve que c'est aller trop loin que de passer du régime de la réglementation de la durée de travail au régime de la réglementation de l'organisation même du travail dans tous les établissements industriels.

Vu l'heure avancée, je ne veux pas prolonger cet exposé. Je ferai seulement observer qu'au point de vue pratique la Commission de codification des lois ouvrières a été la première à reconnaître qu'il y avait impossibilité d'imposer l'horaire d'une façon uniforme dans les établissements industriels puisqu'elle a dû chercher une solution qu'elle croit avoir trouvé dans l'horaire nominatif.

Je crois qu'il n'est pas pratiqué et je considère qu'il est absolument impossible d'établir ces horaires nominatifs, tout au moins dans les établissements d'une certaine importance et que ce sera une source perpétuelle de contraventions, même chez les industriels désireux d'observer la loi.

M. Alfassa faisait tout à l'heure une observation en ce qui concerne ces horaires, et j'avais, pour ma part, pensé à faire une proposition d'amendement au projet. Je prends le projet actuel tel qu'il est établi avec l'horaire général et des horaires particuliers pour les ouvriers qui ne suivent pas l'horaire général. Considérez les établissements qui ont un travail continu : par exemple les usines métallurgiques. Il y a un personnel extrêmement nombreux ; il y a deux équipes successives : quelle est l'équipe qui devra être considérée comme ayant un travail normal ? Puisqu'il n'y a qu'un horaire général, tous les ouvriers de l'autre équipe auront, par conséquent, l'horaire nominatif. Comme les équipes se remplacent tous les 8 jours, tous les 8 jours il faudra changer les horaires. Voyez-vous une usine de 800 ouvriers dans laquelle il faudra trois ou quatre cents horaires tous les huit jours ! Il faudra un employé spécial.

D'autre part, lorsqu'une circonstance particulière se présente et nécessite un changement dans les horaires il est très facile de faire un horaire nouveau et de l'envoyer à l'inspecteur : c'est très facile en théorie, mais en pratique ce n'est pas du tout la même chose. Qui est-ce qui fera ces horaires nominatifs ? Un employé spécial, le directeur très probablement. S'il n'est pas là ? Si le patron ne veut pas encourir ce risque de l'amende et se réserve cette tâche ? Et s'il arrive un jour un de ces accidents qui nécessite un changement immédiat, c'est-à-dire la rédaction d'un nouvel horaire ? Très probablement on l'oubliera. On vous dit : il est peu probable qu'il y aura coïncidence ce jour-là ; mais si elle se produit la loi sera violée, et si l'inspecteur passe, il y aura contravention.

Je crois que ce qu'il faut chercher surtout dans l'application des lois sur la réglementation du travail c'est à en empêcher la violation systématique : il ne faut pas s'attacher à ces petites exceptions qui se produisent journellement dans l'industrie, principalement dans la grande, et si un jour, par hasard, quelques ouvriers, par suite de circonstances exceptionnelles, n'ont pas travaillé dans les conditions prévues, si même ils ont dépassé la durée légale du travail, il n'y a pas là un mal considérable et la réglementation de la durée du travail n'est pas absolument compromise par ce fait.

M. Alfassa nous disait tout-à-l'heure, en nous citant l'exemple des pays étrangers, que les inspecteurs allemands reconnaissaient eux-mêmes que ce qu'ils cherchaient à assurer surtout c'était l'observation générale des lois sur la durée du travail et que, quant au petites infractions inévitables qui peuvent se produire dans toute organisation pratique industrielle, ils n'en tenaient pas un compte absolu, ils passaient facilement dessus. Je crois que c'est là un système beaucoup plus pratique que de vouloir entrer dans les détails comme ceux auxquels on serait conduit si le projet qui nous est présenté aujourd'hui était adopté et si on arrivait à cette comptabilité individuelle, pour ainsi dire, pour faire le contrôle de la durée du travail par ouvrier.

Du reste, la Commission de codification des lois ouvrières, tout en reconnaissant la nécessité d'apporter une atténuation aux dispositions légales qu'elle propose, considère elle-même un peu comme illusoire la satisfaction qu'elle nous donne ; j'ai lu l'exposé des motifs du projet, qui reproduit un peu l'exposé de la Commission de codification : elle reconnaît que si l'horaire nominatif donnera à l'industrie toute la souplesse dont elle a besoin, cette réglementation sera tellement difficile à appliquer qu'il est fort probable que seuls les industriels qui auront un besoin tout-à-fait exceptionnel de ce mode d'organisation du travail, seront conduits à y avoir recours.

C'est reconnaître que le système qu'on propose pour donner satisfaction aux exigences pratiques de l'industrie est à peu près napplicable.

M. Fontaine. — Non, c'est reconnaître que quand il n'y a pas d'exigence spéciale, le système actuel est très mauvais.

M. Arquembourg. — Je crois qu'à ce point de vue le projet n'est pas pratique. Je pense qu'il y avait quelque chose à faire ; c'était de donner une sanction et il était facile de la trouver dans une modification de l'article 2 de la loi du 2 novembre 1892, rendant l'horaire obligatoire et l'introduction dans l'art. 26 ou 27 qui traite des pénalités d'une disposition imposant une pénalité pour la non observation de l'horaire, pénalité qui aurait pu être assez élevée, de façon à ce que cette inobservation ait une sanction réelle ; mais il n'y a pas besoin d'un projet spécial tel que celui qui est proposé et qui modifie — je tiens à le répéter — d'une façon essentielle, le principe de la réglementation du travail. C'est ce que je vois de plus grave dans le projet.

M. Fontaine. — Je suis très heureux de voir que M. Arquembourg a reconnu que dans l'état actuel de choses, il est impossible de faire appliquer la législation sur le travail.

M. Arquembourg. — Mais non, pas du tout !

M. Fontaine. — M. Arquembourg distingue entre la durée du travail et l'observation de l'horaire et il dit : Ce qu'il faut punir de peines spéciales, particulièrement graves, c'est l'exagération de la durée du travail. Quant à l'horaire, mon Dieu ! il y a avantage à ce qu'il ne soit pas complètement faux, et nous allons donner une pénalité particulière.

M. Arquembourg pense bien que s'il était possible de constater la durée du travail en dehors de l'horaire, jamais le législateur n'aurait posé la question de l'horaire. Or comme le moyen unique de constater la durée du travail, c'est l'horaire, ne pas chercher à rendre l'horaire efficace, à lui donner une valeur probante, c'est dire que l'on ne veut pas faire appliquer la législation. Il est impossible de constater la durée du travail en dehors de l'horaire. Les inspecteurs ne peuvent pas la constater autrement ; ils n'ont pas de témoignage à invoquer : les seuls témoins sont les ouvriers présents ; la justice n'acceptera pas le témoignage anonyme de l'inspecteur, et si les ouvriers témoignent, sous la peur du renvoi, ils se contrediront, ils reviendront sur leurs déclarations.

M. Arquembourg, qui reconnaît la nécessité de faire observer l'horaire, parce qu'il sait comme moi qu'en dehors de cette garantie le contrôle est impossible, nous donne en somme une approbation dont nous ne nous contenterons pas, mais qui est précieuse ; il nous dit : Il faut rendre l'horaire obligatoire, mais la pénalité, je ne l'accepte pas. Ce qui a choqué M. Arquembourg, c'est que l'amende fût calculée par ouvrier travaillant en dehors de l'horaire. Comme, d'autre part, M. Arquembourg reconnaît que l'amende de 5 francs pour une usine de 3 ou 400 ouvriers est illusoire, il nous dit : Je comprendrais un système entre les deux, que l'affichage d'un horaire inexact donnât lieu à une pénalité, mais que cette pénalité fût plus forte que l'amende de 5 francs et moins forte que celle que vous indiquez. Je ferai observer à M. Arquembourg deux choses : d'abord son système est encore plus injuste — si injustice il y a — que celui qui est adopté ; ensuite il comporte les mêmes conséquences au point de vue de l'horaire nominatif.

Il est injuste, parce que l'amende graduée proportionnellement au nombre des individus en contravention est assez juste, tandis que la même amende infligée à une grosse usine et à une petite est injuste ; 5 francs pour une grosse usine c'est trop peu : mettez 500 francs, c'est énorme pour l'atelier qui a 3 ouvriers. Vous allez faire un forfait en faveur des grosses. Si vous voulez échapper à cette injustice, comment ferez-vous ? Vous allez graduer l'amende d'après le nombre des ouvriers : Vous retombez alors dans le système proposé. Il y a quelque chose de plus : Vous dites il faut que cet horaire soit exact et que, lorsque l'Inspecteur du travail reconnaîtra qu'il ne l'est pas, c'est-à-dire lorsqu'il reconnaîtra qu'il y a des gens qui travaillent en dehors, il y ait pénalité. Mais alors, quoi ? C'est l'horaire général et toutes les fois que quelqu'un travaille en dehors de cet horaire, l'inspecteur fera appliquer vos 500 francs d'amende ? C'est tout à fait terrible ! Vous arrivez à appliquer une amende que vous voulez considérable, toutes les fois qu'un individu sera pris en dehors de l'horaire général.

Pour la sanction de la non observation de l'horaire, il y a divers systèmes en présence, mais le vôtre à tous les inconvénients du nôtre et il n'a pas ses avantages. Je serais très heureux d'en entendre un autre si vous ou moi nous pouvons trouver par où la législation pèche. Votre système est injuste, il ne gradue pas la pénalité d'après le nombre des ouvriers et, d'autre part, il comporte essentiellement des horaires aussi compliqués que ceux du projet.

M. LE PRÉSIDENT. — La parole est à M. le Rapporteur.

M. ALFASSA, Rapporteur. — Dans les observations qu'il vient de présenter, M. Fontaine a répondu, infiniment mieux que je ne l'aurais pu faire, aux considérations développées par M. Arquembourg. Je demande simplement à celui-ci la permission de reprendre un ou deux points de son argumentation.

Il s'est appuyé sur une phrase de mon rapport, empruntée à la lettre d'un inspecteur allemand, pour constater que dans ce pays l'Inspection cherche à faire observer surtout l'esprit de la loi. Mais ce qui résultait nettement de la lettre à laquelle je me suis référé, c'est qu'elle fait observer l'esprit de la loi à défaut de la lettre, parce qu'elle ne peut pas faire autrement. Il faut se rappeler avant tout cette phrase de l'autre lettre que j'ai citée : « En Allemagne, nous sommes dans de mau- » vaises conditions au point de vue du contrôle de » la durée du travail. »

Pour l'horaire nominatif, je n'ai pas de grandes objections à faire, puisque j'en ai moi-même signalé de grands inconvénients.

M. Fontaine. — Il est possible de l'améliorer et je crois que c'est dans cette voie qu'il faut chercher. Il est d'abord inutile d'envoyer l'horaire nominatif aux inspecteurs. Il est utile de leur envoyer l'horaire général parce qu'il les guide dans leurs tournées et puis parce qu'il est très facile de le changer au moment de l'arrivée de l inspecteur, mais l'horaire nominatif ne guide pas les inspecteurs et il paraît impraticable de le changer au moment de leur arrivée. Voilà déjà une amélioration. Mais si vous voulez bien continuer...

M. Alfassa, Rapporteur. — M. Arquembourg a invoqué comme argument la difficulté pratique que rencontrerait la Direction de l'usine à se mettre en règle avec la prescription de la loi qui veut que l'ho- raire soit affiché et envoyé à l'inspecteur. Le patron, a-t-il dit notamment, peut être absent en cas de chan- gement et il se trouverait en contravention parce qu'il voulait se réserver la responsabilité de cette mesure grave d'envoyer l'horaire à l'Inspecteur. Il me paraît que ce cas ne serait pas particulièrement intéressant, car le patron sait que ces incidents peuvent se produire à tout instant et s'il juge bon de se réserver le monopole de la mesure à prendre, c'est qu'il en accepte d'avance les conséquences.

M. Fontaine. — Dans le cas dont parlait M. Arquembourg, il me paraît qu'il serait très légitime de dire que pour un accident constaté venant bouleverser le travail de l'usine, l'horaire nominatif ne serait pas affiché. Si une grosse pièce se casse, il est évident que le travail n'est plus régularisé et je crois qu'en prenant ainsi une série d'espèces on pourrait faire disparaître les inconvénients.

M. Arquembourg. — Je ne vois pas l'intérêt d'établir des horaires nominatifs ; ils ne me paraissent pas d'application pratique.

Je trouve que ce projet de loi va créer une confusion au point de vue de la sanction. Vous dites que les pénalités prévues par la loi du 2 novembre dans les articles énumérés seront applicables aux contraventions à ce projet. Je suppose qu'il y a contravention à la durée du travail. En vertu de ce projet, ce sont les pénalités de la loi du 2 novembre qui seront applicables. Or si les contraventions s'appliquent à des adultes, les pénalités prévues par la loi de 1848 ne sont pas abrogées. On pourra donc appliquer deux pénalités à une même contravention. Il y a confusion. Je crois que M. Fontaine a mal interprété mes paroles. J'admets très bien le contrôle sérieux ; ce que je n'admets pas, c'est le détail de l'exécution, ce sont les moyens employés.

M. Fontaine. — Il n'y a aucun inconvénient à abroger les pénalités précédentes, il y a même avantage.

M. Arquembourg. — Je ne demande pas qu'elles soient maintenues, mais encore faudrait-il le dire.

M. ALFASSA, Rapporteur. — C'est dit dans le projet :
« Les contraventions à la présente loi seront...., etc. ».

M. ARQUEMBOURG. — On pourrait en outre appliquer
la loi de 1848. Il y a lieu à une abrogation explicite. Vous
avez introduit l'art. 2 qui participe de la loi de 1848 et
de la loi du 2 novembre 1892. Il ne peut pas subsister.

M. ALFASSA, Rapportéur. — Son utilité est considérable ; sous le régime de la jurisprudence actuelle il
n'y a pas d'horaire imposé pour le travail des hommes,
et cet article a pour but de rendre la loi applicable aux
hommes. Il spécifie que le temps de travail prévu par
l'horaire ne peut que rester dans les limites de la durée
légale du travail prévue pour les diverses catégories
d'ouvriers : 10 heures pour les uns, 12 heures pour les
autres. L'horaire ne pourrait pas porter, par exemple,
sur 16 heures.

M. ARQUEMBOURG. — Il faudrait le dire.

M. ALFASSA, Rapporteur. — C'est dit assez clairement dans le projet de loi.

M. FONTAINE. — On veut vous dire que vous ne pou-
vez pas calculer vôtre horaire général sur la durée du
travail avec les dérogations.

M. ARQUEMBOURG. — Si, puisqu'on ajoute que l'horaire comprendra en cas de dérogation.....

M. FONTAINE — On vous dit ce que vous pourrez
faire en cas de dérogation et on vous indiqué que l'horaire
général doit être calculé sur la durée légale du travail.

M. ALFASSA, Rapporteur. — Il est évident que l'industriel doit observer avant tout les prescriptions relatives à la durée légale du travail, et que, par conséquent,
il ne peut pas établir un horaire général qui ne soit
pas en concordance sur ce point avec la loi.

M. FONTAINE. — Si vous voulez bien lire, M. Arquembourg, vous verrez que cela vous oblige à établir l'ho-

raire général, par exemple, dans un atelier mixte, sur la durée de 10 heures de travail et non pas sur la durée du travail des ouvriers qui ont des dérogations. Il y a des chauffeurs qui peuvent avoir 12 heures et demie de travail et on ne veut pas que vous fixiez l'horaire général sur cette durée de 12 heures et demie.

M. Boulisset. — Je voudrais simplement ajouter un mot aux paroles de M. Fontaine. M. Arquembourg sait, mieux que qui que ce soit, que ce projet est absolument indispensable. Il habite une région dans laquelle la loi est violée, il le sait comme moi ; mais, en ce qui concerne l'horaire, M. Arquembourg ? Il n'a pas été contesté de 1892 à 1900 ; il a eu force de loi ; on a relevé les contraventions pour la durée du travail par ouvrier, et non pas une contravention unique par usine. Les Tribunaux ont toujours condamné. Ce n'est que depuis l'interprétation donnée par la Cour de Cassation qu'on a contesté l'horaire. Ce projet se justifie d'autant mieux qu'il a pour but de réprimer les fraudes des grands industriels qui sont seulement visés. Vous n'ignorez pas qu'il y en a qui échappent à la juridiction. Vous en connaissez certainement qui ont trouvé le moyen d'envoyer 100 horaires dans l'année à l'inspecteur : M. Arquembourg les connaît comme moi. Je trouve inadmissible que dans une usine il y ait 100 accidents par an.

M. le Président. — Je vais mettre aux voix d'abord le vœu principal qui est ainsi conçu :

« L'Association Nationale Française pour la Protection Légale des Travailleurs émet le vœu : »....

VŒU PRINCIPAL

L'Association nationale française pour la protection légale des travailleurs émet le vœu que le Parlement exa-

mine et vote, dès que possible, le projet de loi déposé par le Gouvernement le 14 juin 1904, et relatif au contrôle de la durée du travail, en le complétant, au besoin, par l'adjonction de la disposition prévue par la proposition de loi Waddington, adoptée par le Sénat, le 28 mars 1904, pour la nouvelle rédaction de l'art. 7 de la loi du 2 novembre 1892 (§ 5).

Le vœu est adopté à l'unanimité sauf deux voix.

M. LE PRÉSIDENT. — Je mets aux voix le vœu subsidiaire qui est ainsi conçu :

« Que soient ajoutés à l'article premier après les « mots : « énumérés par la loi... »

VŒU SUBSIDIAIRE

I. — Que soient ajoutés à l'art. Ier, après les mots : « énumérés par la loi du 2 novembre 1892, » ceux-ci : « et « dans ceux visés par le décret-loi du 9 septembre 1848. »

II. — Qu'il soit stipulé que les horaires nominatifs ne pourront s'appliquer qu'aux ouvriers qui ne sont pas occupés au travail fondamental de l'établissement, et que le travail des équipes successives puisse être indiqué, en dehors de l'horaire général, par des horaires d'équipe.

M. ALFASSA, Rapporteur. — Il y a lieu pour l'Association de dire si elle entend se prononcer sur le vœu subsidiaire ; c'est une question de tactique qui se pose : faut-il apporter des modifications au projet de loi, ou vaut-il mieux, pour en faciliter le vote, se rallier au projet tel qu'il existe.

M. FONTAINE. — Il est très intéressant d'indiquer les améliorations possibles. La Commission de codification qui a préparé le projet de loi a vu les difficultés de l'horaire individuel et s'il y a des améliorations à apporter, s'il ressort de la discussion que certains textes peuvent être heureusement modifiés, il est avantageux de le dire.

Le 1er paragraphe est adopté.

M. Arquembourg. — J'admets très volontiers, puisque c'est l'observation que je faisais, qu'on puisse établir des horaires par équipe et non pas nominatifs ; mais aller jusqu'à dire qu'on ne pourrait faire des horaires nominatifs que pour les industries prévues au décret du 28 mars 1902 !...

M. Alfassa, Rapporteur. — Je n'ai pas demandé cela. Je n'ai emprunté au décret du 28 mars 1902 que l'expression : le travail principal.

M. Arquembourg. — J'y vois des inconvénients. Il y a certaines industries pour lesquelles il y a certains travaux qui font partie des travaux essentiels de l'usine et pour lesquels il est cependant indispensable d'établir un horaire nominatif.

M. Fontaine. — Je crois que cela pourrait en effet, dans la pratique, nous entraîner à de grosses difficultés.

M. le président. — M. le rapporteur n'insiste pas. Par conséquent, ne seront adoptés par l'Association que le vœu principal, le paragraphe 1er du vœu subsidiaire et les lignes suivantes du 2e paragraphe :

« Et que le travail des équipes successives puisse » être indiqué en dehors de l'horaire général par des » horaires d'équipes. »

M. Boulisset. — Les équipes engendrent des abus si criants que je serais désireux de voir introduire dans cet alinéa que la durée du travail de chaque équipe ne pourra pas dépasser cinq heures et qu'il y aura repos obligatoire au bout de 5 heures. M. Arquembourg sait parfaitement qu'il existe des équipes où les enfants et les femmes travaillent sans une minute de repos.

M. Arquembourg. — Cette addition ne me paraît pas nécessaire parce que nous avons voté précédemment une disposition en ce sens à propos de la proposition de M. Waddington.

M. Boulisset n'insiste pas.

Les deux vœux modifiés comme il est dit sont mis aux voix et adoptés à l'unanimité.

(La séance est levée).

Les vœux adoptés par l'Association se trouvent finalement libellés comme suit :

VŒU PRINCIPAL

L'Association nationale française pour la protection légale des travailleurs émet le vœu que le Parlement examine et vote, dès que possible, le projet de loi déposé par le Gouvernement le 14 juin 1904, et relatif au contrôle de la durée du travail, en le complétant, au besoin, par l'adjonction de la disposition prévue par la proposition de loi Waddington adoptée par le Sénat le 28 mars 1904, pour la nouvelle rédaction de l'art. 7 de la loi du 2 novembre 1892 (§ 5).

VŒU SUBSIDIAIRE

I. — Que soient ajoutés à l'art. Ier après les mots : « énumérés par la loi du 2 novembre 1892, » ceux-ci : « et dans ceux visés par le décret-loi du 9 septembre « 1848 ».

II. — Que le travail des équipes successives puisse être indiqué en dehors de l'horaire général par des horaires d'équipes.

ASSOCIATION INTERNATIONALE
POUR LA PROTECTION LÉGALE DES TRAVAILLEURS
2, Rebgasse, Bâle (Suisse)

Liste des ouvrages publiés depuis sa constitution

Compte rendu de l'Assemblée constitutive tenue à Bâle les 27 et 28 septembre 1901. — 1 vol. 270 p., Paris, LE SOUDIER, éditeur.

Compte rendu de la 2ᵉ Assemblée générale du Comité de l'Association Internationale tenue à Cologne les 26 et 27 septembre 1902. 1 vol., 82 p., Paris, LE SOUDIER, éditeur.

Les Industries Insalubres. — 1 vol., 460 p., Paris 1893, LE SOUDIER, éditeur.

Le travail de nuit des femmes dans l'Industrie. — 1 vol., 384 p., Paris 1903, LE SOUDIER, éditeur.

Bulletin de l'Office International du travail, (tome I, année 1902; tome II, année 1903). — Paris, LE SOUDIER, éditeur.

(Paraît à partir de 1904 chez BERGER-LEVRAULT, Nancy et Paris)

www.ingramcontent.com/pod-product-compliance
Ingram Content Group UK Ltd.
Pitfield, Milton Keynes, MK11 3LW, UK
UKHW022311120726
13694UKWH00004B/1385